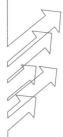

目錄

自序 2

第1章　認知與作出選擇和抉擇 4

第2章　安全感與選擇和抉擇的自由 13

第3章　政治選擇和抉擇 23

第4章　全球化抑或非全球化的選擇和抉擇 34

第5章　經濟和商業方面的選擇和抉擇 43

第6章　大數據對選擇和抉擇的影響 60

第7章　人工智能與選擇和抉擇的關係 67

第8章　倫理道德與選擇和抉擇的關係 75

第9章　尋找和選擇幸福生活之路 96

第10章　人類進化需要面對的第三齡階段的各種選擇和抉擇 109

第11章　一些所謂合法性選擇的結果及其影響 124

後記 136

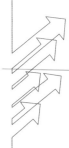

自序

　　在人類命運演化過程中，人類在方方面面都會和需要不斷的作出無數次的選擇和抉擇。這些無數的選擇和抉擇，驅動着人類向前演進和發展。假如是神，每次他所作出的選擇和抉擇，相信都不會犯錯；但作為人類（假設不受神的影響），那麼我們每個人在人生的道路上，都一定會作出許多自己認為是正確（但最後有些可能會被證明為錯誤）的選擇和抉擇。從人延伸到企業或國家層面，同樣都會在各自的發展過程中，作出各種錯或對的選擇和抉擇。也正是這些無數不同的選擇和抉擇驅動着人、企業、社會、國家不斷走上成功發展或失敗的道路。而這些選擇和抉擇，姑勿論是對或錯，都將成為人類命運進化史的部份或全部歷史。

　　我在寫完《人類命運的演進印跡和路程》一書後，腦海中經常浮現一個問題：是什麼動力驅動着人類命運的演進呢？經過不斷的思考和尋求佐證，我發現人類所做的每一選擇和抉擇是驅動人類命運演進和發展的主要動力來源（即原動力）。而人類所做的每一次選擇和抉擇，疊加累積起來就把人類命運整體演進的發展史刻劃了出來。

　　為了說明有關問題和闡述清楚這一觀點，我在本書中用舉實例的方法，把個人、企業、國家在發展過程中，所作出的一些重要或關鍵性的選擇和抉擇的背景、因由、結果，作了扼要的分析和論述。我所採用的分析

方法（approach and method）有沒有原則性的錯誤，從學術的角度是否能夠成立，歡迎讀者指正。但書中有任何錯誤或引用不當之處，我自己負責與人無關。在書中我盡量多引用作者的原話而不作理解性的重寫（paraphrase），以避免加入我自己的意見和歪曲作者的原意。其次，我還希望讓學生多一點機會可以看到原作者的話，以便起到一種導讀的作用。

本書可供大學通識教育課（general education）教學之用。現今大學通識教育課和跨科（interdisciplinary）的教課書非常缺乏，我希望此書能彌補一下這方面的不足和缺失。書中所談及的問題，可讓同學深入地去思考和開展討論，並可助教師採用啟發式的教學方法和「翻轉課堂」的設施（Flip Classroom）等，去開拓學生的思路以及增強學生的認知、分析、理解和批判能力。為此，在每一章的後面，我列出了一些可供師生互動的問答（Q&A）供參考。

徐是雄教授

─────── 第1章 認知與作出選擇和抉擇 ───────

（一）

我經常會問我校的學生，這樣一個問題：作為一位新入學的大學生，您是怎樣選擇大學的？怎樣選擇專業的？我得到的答案是，他們的選擇大多數是由他們的父母或老師幫助他們決定的，只有少數的答案，說是他們自己決定的。此乃意料中事。因為，剛讀完中學的學生，大概都在18-19歲左右，年紀還小，人生閱歷淺，他們對以上問題的認知是極有限的，得依靠他們的長輩來幫助作出選擇或抉擇。其次，他們對父母或老師為他們作出的選擇和抉擇（如：為什麼要讀大學？為什麼要選那個專業？）是否正確？是否他們的能力和興趣所在？能否讓他們能夠充份發揮他們的智力、專長和潛力？等等問題，都不會（事實上也不很懂得怎樣去）深入和詳細地去思考、探討、研究和考慮。由於他們在這方面的認知的局限，所以他們的選擇和抉擇，可以這樣說，都屬被動性的。說得難聽一些：是一種無可奈何的選擇和抉擇。當然也會有許多比較早熟的同學，他們都已清楚知道他們選擇要走的未來人生路。

但從我多年與大學生的接觸，我發覺一般來說，他們要到大學3-4年級時，才會開始問和關心以上這些問題。理由是：（1）他們要開始考慮繼續升學，是否要到國外去留學等問題；（2）需要尋找工作；（3）

為未來的人生道路尋找方向和定位，並需快速作出選擇和抉擇；（4）思想開始成熟和會起轉變及變化；（5）幾年在大學的經驗和閱歷，使他們見聞廣了，知識豐富了，感性認識增多了；很快成長和成熟了起來，變得更懂事；認知的能力也大大的加強了；並有了更多智慧和自信 ── 要改變許多東西，包括他們自己。換言之，就大學生來說，在他們的人生道路上，在選擇每一步他們要走的路，逐漸會從比較被動（passive）走向（或轉為）越來越主動（active），去為自己的前途、人生方向，在自己認為已掌控足夠的認知基礎上，作出最佳的選擇和抉擇。

但當他們開始瞭解到，越來越多的事情需要他們自己作出選擇和抉擇時，他們又會發覺，要做各種選擇和抉擇，並非一件容易的事，因為他們的認知水平並沒有他們想像的高和全面，來幫助他們作出最佳的選擇和抉擇；因此，這樣經常會讓他們陷入非常困惑、煩惱、痛苦的境地中，而不知所措。並開始意識或知道做人難和抉擇難的現實境況（reality）。而客觀的來看，這種種困惑往往都是由於受到他們需靠自己獨立地作出選擇和抉擇而導致的──而這是人生必經的道路和過程，必須面對，別無選擇（no other choice）！

（二）

再舉一個例子。

一些有宗教信仰的人都清楚，如果父母是信教的，那麼他們的子女：或受父母的影響，或受宗教教義的規限，都會選擇與父母同樣的信仰。據我瞭解有些基督教會，是允許年青人，在到達一定的年齡，可以讓他們重新作出選擇，但這是極少數的情況。大多數的宗教，都不鼓勵他們的信徒，改變信仰或脫離教會（即不能再有其他的選擇）；而一旦這樣做，就會被指責為叛徒，而受到天譴，罪孽是非常重的。因此任何教徒，一旦反叛或脫離所屬教會或宗教，心理上就會受到很大的壓抑。而這種帶有「罪惡感」的包袱，要把他甩掉，是一件非常困難的事。宗教之為什麼能夠持續發展，這一恐嚇機制或「殺手鐧」所起的作用，非常關鍵和有效。

不過，這一個例子所說的選擇與上面所舉的例子，有一點不一樣，因為它不涉及認知（cognition）的問題，純粹是一種被強迫要接受的選擇。換言之，宗教信仰完全不能容忍或接受他們的信徒，有任何選擇的自由，因此這與認知程度的高低，毫無關係。但在這一點上，奇怪的是，為什麼西方的所謂人權份子好像都視而不見？他們為何不積極和大力地去反對和鞭撻宗教這種踐踏個人思想、限制人權和剝削個人的自由選擇權呢？可見西方的有些所謂人權份子的虛偽、雙重標準和別有用心。

（三）

　　再舉一個例子。相信大家經常會到超市去買東西，但有些人可能不會意識到，超市擺放在貨物架上的位置的重要性。廠商把貨物放入超市售賣，超市是要向廠商收取一定的所謂「上架費」的。而超市上架費的標準，則是根據貨物的銷量、性質等而定的。但有一條標準，可能大家並不一定知道，就是貨物擺放在貨架上的位置，也是其中決定收費高低的一項考慮標準。一般來說，貨物放在貨架最當眼之處，收費就昂貴一些，放在不容易見到的地方，收費便低些。超市為什麼要這樣定標準呢？答案很簡單，因為一般來說，貨物放在當眼之處，就容易吸引消費者的眼球，因此銷量就會高很多。

　　另一方面，從消費者的角度來看，這顯然是一種把消費者放置在被動──即讓廣告商可以容易地利用來宣傳商品和推銷商品的有效手法之一；或可以這樣來形容：即把消費者納入或推進入一種潛意式（subconscious）消費的心態或傾向（disposition）。說得再難聽一些，就是讓消費者不知不覺地墜入一種下意識地願意被忽悠或可塑（malleable）的心理狀態；說得好聽一些，則是讓消費者產生一種樂於去選擇購買和購物的心流（flow）。[1]

　　這種被操控（manipulate）而被動地作出選擇的情況的形成，與我上面所舉的兩個例子是有些不同的。請讀者想一想其中的分別之處。像這一類

消費者被引入被動選擇的境況，是廣告商推銷產品慣用的手段和手法。這種廣告宣傳和推銷產品的手段和手法的例子，除在超市可以看到，現今在網上購物也經常可以看到。而在網上的商鋪，所呈現的宣傳、推銷產品的手段和手法，更是五花八門，技術更為高超。譬如，電商行業流行的刷單行為，便是一種操控消費者被動選擇的手法。一般來說刷單愈多的話，那麼店商的排名便可以愈往前靠，或更有可能被提升至首頁。這樣當消費者搜索店商或產品時，便能佔到被關注的先機和優勢，即更能吸引消費者的眼球。用這種方法來提高店鋪的知名度和曝光度，以吸引網購者消費，已是網店常用的伎倆。此外，網店還會利用點擊率來提升排名，以達到同樣促銷商品的目的。那麼怎樣增加點擊率呢？如提供具吸引力的折扣、寶貝和關鍵字等，來增加店商和產品的點擊流量和搜索量。而在雙十一時，天貓曾開設多個會場和分會場，並根據網店的銷售表現，讓網店可以從低級升到高級的會場，以增加網店產品的銷售量。其他網店還設計了許多各式各樣的促銷方法，如搶紅包等，這裡就不一一例舉了。在這裏我只想說，不管網店用什麼手法，他們利用的就是務求掌控網絡購物和消費者的被動選擇意識（即挑起銷費者的購買欲和心流），使其轉化為主動的購物選擇意識。

　　現今我們每一位消費者似乎或多或少，都是在被廣告商的宣傳牽引着在消費而不能自拔。但話得說回來，消費者的消費行為，當然並不完全是因為受廣告商的引誘而作出的選擇。但可以這樣說：所有的廣告要達

到的目的都相同：就是要引導和挑動消費者的被動消費意識（或衝動）的釋放和升高。不過，有需求（demand）就有消費。而消費者的行為，一般來說，不一定都是被動的意識或行為，而往往是一種相當主動性的選擇和抉擇行為。而主動選擇消費的行為模式（behavioral model），對消費者來說，相信應佔主導地位。不過，現今由於各種社交網絡媒體（social media）提供的方便，消費者的訊息來源，消費者的許多消費行為（consumer behavior）（請讀者自己思考舉例）都在朋友圈（circle of friends）內不知不覺地得到（或被）推廣和散佈（spread and propagate），影響着消費者的選擇和抉擇行為。現今許多生產商、廣告商已在大力利用各種社交網絡媒體、大數據的擷取、散佈手段以及人工智能的滲透方法等在軟性推銷產品，從而改變消費者的消費行為和模式（形成和製造被動消費心態），以達致他們促銷的目的和意圖。我相信這應是一種，對持比較傳統和保守的倫理道德觀及人權觀的人的一種新的衝擊和挑戰（對於這一問題，請讀者自己思考一下）。但另一方面，消費者也會經常收到許多經大數據處理後提供和發放的有關不同的產品的訊息，方便消費者搜索和選購。這種提供給消費者的服務，在沒有互聯網和大數據之前，是完全不可能的事。

從以上一般的消費者的被動消費心理狀態的形成，可以延伸至西方政治層面的選民的被動心理狀態的形成。因為現今許多西方國家的所謂民

主選舉，已可以很容易被一些專業人士通過運用各種高科技手段、媒體訊息的選擇性發放和選舉工程（Election Engineering）所操控。也就是說，現今許多西方的所謂民主選舉的選民已淪為一種被傳媒可以輕易忽悠和操控的局面；其選舉結果，因此已很難反映出選民的意願，是否已受到媒體和選舉工程的影響所造成的結果！

（四）小結

從以上的幾個例子，我們可以看到，任何人在人生道路上，經常都需要面對兩種選擇：即（i）被動和（ii）主動這兩種選項。而這兩種選擇，不管個人喜歡與否，不管對或錯，都是我們在人生道路上，一定要面對；並在作出選擇後，必須予以接受。而假如要後悔，也往往已來不及，或於事無補。大家一定要明白，有選擇便會有風險（或須承受風險）！你要擁有自由選擇權，你就得承擔由此而帶來的風險以及由此而引發的傷痛（當然也會有樂趣、滿足感等）！

從人類命運整體的演化過程來看，社會和文明的演變及進步，都是由這兩股力量的相互影響和推動而造成的結果。也就是說，每一個人所作出的選擇和抉擇（無論是被動抑或主動），其疊加累積起來的效應，會直接或間接影響和推動着人類社會向前發展，成為人類演化進程的主要動力來源和推手。這是客觀事實。

在下面的章節，我會進一步舉更多的例子，來說明和證實我這一觀點的真實性。

師生互動：Q&A

① 調查（survey）：

（a）問同學您是怎樣選擇大學的？方法？理由？

（b）畢業後您是否要到國外去留學？為什麼？

（c）問同學您是一位被動還是主動消費者？為什麼？您能接受或喜歡被動式消費模式或行為嗎？

② 用圖表等方式，設計一個網頁來促銷某種您心目中的與食物有關的產品。

③ 當您作出了錯誤的選擇和抉擇，而陷入非常困惑、煩惱、痛苦的境地中，您會怎樣去自救？

④ 做人難還是抉擇難？兩者有關連嗎？理由？

⑤ 作為一位消費者，您喜歡產生和創造一種樂於去選擇購買和購物的心流（flow）嗎？什麼是心流？創造心流是使您能感覺到快樂的人生目的之一嗎？什麼是快樂？消費行為是一種快樂還是發洩？消費是否屬於滿足一種選擇欲的行為？

⑥ 有選擇便會有風險，您能承受風險嗎？要擁有自由選擇權，就得承擔由此而帶來的風險和所引發的傷痛，您會怎樣去承受風險和所引發的傷痛？建議一些方法。

⑦ 用圖表（chart）的方式，把這一章的主旨表達出來，並用箭頭等標明它們之間的相互關係。

⑧ 把這一章的內容，用五張PPT予以濃縮和全覆蓋。

參考

① 《心流：最優體驗心理學》，米哈裡·契克森米哈賴著，張定綺

　　譯，（2017），中信出版社。

◄──── 第2章 安全感與選擇和抉擇的自由 ────

（一）

一些崇尚自由主義的人認為，人的自由是天賦的。但問他們所謂的「天」是指什麼？是「神」嗎？假如你相信神是存在的話，那麼神又為什麼給了人自由，但另一方面，卻又要設置如此多的誡律（所有宗教都有許多自身宣導的誡律）來限制人的自由呢？但假如你不相信神的存在，那麼所謂自由是天賦的，不就成了無源之水，無本之木，毫無意義的空話！

一些崇尚自由主義的人的另一個強烈訴求和觀點，就是人的自由是不應作任何限制和被任何人限制的，因為他們要的是無任何限制的自由或絕對的自由。舉例：比如就拿美國許多的州來說，他們都允許美國公民可以買賣槍械和收藏槍械的自由。不過世界上大多數人，都認為這是不對的，因為這樣會容易引起許多槍殺案的發生【據報導就2017年，美國有一萬五千人被槍殺】。但支持買賣槍械和收藏槍械的美國人，就引用美國憲法的2nd Amendment來加以維護，說這是個人的自由、是基本人權，是美國立國之本，是美國的核心價值觀，任何人都不能將之剝奪。但我相信這些人真正的問題，是他們沒有安全感，因此心裏害怕、有恐懼感，因為他們家居的地區以及他們對他們的國家能提供

給他們的安全保障，缺乏信心。故此，他們作出了這樣的選擇。這的確是非常可悲和值得遺憾的事。因為他們在這樣的一種，可以說很不正常（abnormal）的心理狀態下所做出的選擇，不但扭曲了自由的真諦（即讓人能在無偏見、無恐懼的心理狀態下做出選擇和抉擇），而且還影響了他們對其他問題的理性判斷和抉擇。其結果是形成一種疊加效應，不但影響到他個人所涉及的選擇和抉擇，而其影響所及，還會幅射擴散開來，影響着一大批其他的人的取向、觀點、意識形態、選擇和抉擇，導致許多人會盲從地形成跟風，而造成羊群心理狀態的出現。

（二）

類似情況，1997年中國在恢復對香港行使主權時出現過。當時，有一些擔心和惶恐失掉英國殖民主義者的保護的人，有很大的失落感和惶恐心理。究其原因，主要是他們沒有了安全感。還有一些既得利益者和別有用心之人，卻不斷地在鼓吹和煽動港人離港到外國去做移民；而受到這種恐嚇而驚惶失措的人，選擇去移民的，當時的確有不少。但97之後，這些移民的人發覺，香港仍然非常自由、穩定、太平和繁榮。這些人後悔了，因為他們作出了錯誤的抉擇，並因選擇錯誤而付出了相當昂貴的代價。本來在香港有一個快樂幸福的家庭，移民後，家破和事業的終斷，導致夫妻離異的情況出現非常普遍。這種因受到別人的影響，而作出錯誤的決定，是痛苦和沉重的。但另一方面，值得吸取這一經驗

教訓的是：不要輕信人言，自己要有主見，懂得理性地去分析問題，作出最佳和最符合情理的選擇和抉擇；不要人云亦云，糊裡糊塗地掉落入羊群心理的陷阱。但同時也必須理解到，要有選擇的自由，往往就需面對風險和付出沉重的代價！

（三）

這裏我再引用2017年全國人大常委會就廣深港高鐵西九龍站落實「一地兩檢」所作出的決定，以及國務院港澳辦主任張曉明的《說明》，以及有些香港法律界人士的不同意見；說一下這與「自由」和「安全感」關係的問題。

在報上可以看到，當時香港大律師公會，就這一問題發表了一份聲明，表達了他們的看法。聲明中指出了他們的擔心，如：認為人大常委會的決定只能視作為一種「行政決定」、是一種「人治」的做法、是落實《基本法》的倒退、是缺乏法理基礎等。但另一方面，香港特別行政區政府也作出以下聲明予以澄清和解釋。香港特區政府指出：

「（1）香港與內地商討『一地兩檢』時一直同意安排，必須符合『一國兩制』和不違反《基本法》。不會單純為促使便捷提高經濟效益而破壞『一國兩制』或違反《基本法》；

（2）為尊重《憲法》、《基本法》及『一國兩制』，特區和內地採用『三步走』方法去落實『一地兩檢』。『三步走』

的第一步，既體現特區享有的高度自治權，也反映『一地兩檢』並非特區、內地能單獨落實的安排。第二步，除尊重國家《憲法》和人大常委會的憲制地位外，也能確保『一地兩檢』符合《基本法》。第三步，則透過特區本地立法的程式，充分體現特區在處理『一地兩檢』上的自主權。至於説人大常委會的決定缺乏法理基礎，以及違反《基本法》第18條的規定：第一是『一地兩檢』的情況明顯與《基本法》第18條所規範的情況截然不同；在落實『一地兩檢』時，全國性法律的實施範圍只限於西九龍站『內地口岸區』實施主體是內地有關機構，適用對象主要是處於『內地口岸區』的高鐵乘客。第二是『合作安排』明確規定就內地法律的適用以及管轄權的劃分而言，西九龍站『內地口岸區』將視為『處於內地』，在法理上《基本法》不再適用。」[1]

此外，社會上和大律師公會有些人還擔心，這次決定等同但凡全國人大常委所説符合的便符合，因此認為這是一種人治行為。基本法委員會委員譚惠珠指出：

「人大常委會批准『一地兩檢』合作安排的『決定』，過程中經過詳細斟酌，並非『人治決定』。特區政府與內地商討多時，『一地兩檢』合作安排建議曾提交人大法律委員會研究，並

與國務院磋商，全國人大常委會也詢問過基本法委員意見，整個流程一環扣一環，詳細推敲，以及在具法律基礎下進行」[2]

基本法委員會副主任梁愛詩，更清楚指出：「人大常委會的決定等同法律，約束力與釋法相若」。[3]這顯然是與人治無關，是一種尊重憲制的做法。

香港大律師公會的擔心是過多了。無可否認，當時在制訂《基本法》時，無法預見到有這種新情況的出現及需求；而「一國兩制」又是新生事物，需在實踐過程中，不斷通過協商和諒解來妥善解決各種兩制之間的差異。但可惜的是，香港的大律師們，自從香港特別行政區成立以來，由於政治立場的問題，他們對中國的憲制，向來缺乏尊重和不去理性地理解，只喜歡用普通法觀點生硬地來看問題。其結果是他們經常會陷入以偏概全的論證方法，有意無意地扭曲政府和中央的法律觀點和決定。而導致這種情況出現的背後原因，我認為主要是他們對中央政府缺乏信心以及他們自己缺乏自信和安全感。故此，任何有關中央的決定，他們都會持不信任及懷疑的態度來對待；而在具體操作時或在行動上，更是經常無理地向中央爭取超越特區行駛自主權的範圍和自由度；還往往故意地排除和完全不考慮中央建立「一國兩制」和《基本法》立法的原意和背景，而只在《基本法》的字裏行間尋找理據。我記得當我在澳洲留學時，有一位澳洲墨爾本大學很有名望的法律教授，Prof.Cowan，他經常提醒澳洲的執業大律師，他們必須充分瞭解立法的原意和背景，而不應只在法律條文的字裏行間尋找理據，因為這樣做是很容易犯錯和誤解條文的原意的。香港的大律師，選擇走狹隘的解釋法律條文的方法，並採用極端自由主義者的一種別有用心的單邊做法，其主要目的是選擇要挑戰和對抗中央政府。這與中央和特區政府，希望選擇和睦說理的方法完善和真正落實「一國兩制」毫無關係和幫助。當然也有部份香港的大律師，由於習慣上怕受到中央政府的法律制度的「干擾」，因此他們非常缺乏安全感，而選擇要走與香港特區政府完全不一樣的道路。他們這種選擇，帶來的不但是一種錯誤的抉擇，而由於他們固步自封、劃地為牢，因此就不能為「一國兩制」這一新生事物，與時俱進地作出優化和推動！他們這種做法，對促進兩制的融合和內地與香港、粵港澳大灣區共同發展，毫無幫助。這是非常遺憾的一件事。現今事實證明「一地兩檢」，並沒有如香港的大律師所擔心的問題的出現。就算有，也可以通過法律的手段予以澄清和解決，完全不需要擔心。

（四）小結

哈拉瑞在他的《人類大歷史──從野獸到扮演上帝》一書中指出：

「究竟智人是怎樣…最後創造出了有數萬居民的城市、有上億人的帝國？」他說：「秘密很可能就在於虛構的故事。就是大批互不認識的人，只要同樣相信某個故事，就能共同合

作」。(4)「無論是現代國家、中世紀的教堂、古老的城市、或是古老的部落，任何大規模人類合作的根基，都系於某種只存在集體想像中的虛構故事。例如教會的根基就在於宗教故事。從沒見過對方的兩位律師，還是能同心協力為另一位完全陌生的人辯護，只因為他們都相信法律、正義、人權確實存在。」(4)

「然而以上這些東西其實都只存在人類自己發明，並自己互相傳頌的故事裏。除了存在於人類共同的想像之外，這個宇宙中根本沒有神、沒有國家、沒有錢、沒有人權、沒有法律、也沒有正義。」(4)

對於以上哈拉瑞的論點和邏輯，我認為有道理之處，但也有值得商榷之處。因為導使人類「發明」如哈拉瑞所謂的「虛構的故事」，事實上並非全都是一種完全虛構的東西，其根基有些是有一定實質基礎的。而這一基礎──我名其為一種「凝聚力」（cohesive force），往往是來自一群人有共同的不安全感導致的。換言之，這樣子的一群人，由於心理都共同存有這種不安全感，因此他們容易聚集起來，在凝聚力的推動下，形成各種組織、結構，如：宗教、教會、國家等。為了要使這種不安全感變成安全，這一群人又進一步會意識到，他們還需要選擇性地提出或設立一些他們認為是有效的方法和機制來維護安全（譬如：一些美

國人選擇要持搶；97時香港有人選擇要移民；香港大律師選擇要盡力維護普通法，而反對中央的法治概念等。），這樣他們的安全才能得到體現和保證（詳情見上面所舉的例子）。

從某一程度來看，人類追求自由選擇的目的，或更貼切地說：人類自由選擇背後的推動力，是由於缺乏安全感。人類為了要保障生存、生活、繁衍的安全，所以在人類的演化過程中，不自覺地通過選擇和抉擇推動人類向前發展及進化，並創造或發明了各種組織和架構。換言之，人類的進步，人類文化、文明的建立，部份原因是來源於人類缺乏安全感，再加上由此而作出的各種選擇和抉擇的疊加作用的結果。而這種結果或效果的形成和出現，很明顯的，並不是如哈拉瑞所說的，全由於人類憑空地，無緣無故地創造或發明了什麼虛構的故事所能導致的。

而為了尋求安全感，人類通過實踐還認識到，要真正建立生活上的安全感，人類不但要提升凝聚力，而更重要的是要學會怎樣去達致共識和消除分歧。可以這樣說，進入新時代人類在處理分歧時，已懂得選擇和建立共識的重要性。換言之，人類懂得選擇和尋求共識，可以說已成為一種驅動人類命運進化的非常重要的原動力或動力源，而不是頻繁地經常製造分歧以及相互之間的斗爭、打壓和仇殺。

師生互動：Q&A

① 您缺乏安全感嗎？理由？

② 您最缺乏安全感是什麼時候？為什麼？

③ 您同意美國人持槍的理由嗎？

④ 人要保證安全感，需要什麼條件？並說明其中理由。

⑤ 從進化的角度，人作為一種動物是越來越安全，您同意嗎？說清楚理由。

⑥ 什麼是網絡安全？網絡安全為什麼重要？建議三種保證網絡安全的方法？

⑦ 用圖表（chart）的方式，把這一章的主旨表達出來，並用箭頭等標明它們之間的相互關係。

⑧ 把這一章的內容，用四張PPT予以濃縮和全覆蓋。

參考

① 《香港商報》，《一地兩檢反覆研究，人大決定符合憲制》，2017年12月30號。

② 《香港商報》，《大律師公會對國家憲法認知不足》，2017年12月31日。

③ 《星島日報》，《人大決定等同法律》，2017年12月31日。

④ 哈拉瑞著，《人類大歷史─從野獸到扮演上帝》，林俊宏譯，（2017），天下文化，第38頁。

第3章 政治選擇和抉擇

　　從人類的發展，可以清楚看到，政治對人類以及人類社會的發展的影響是巨大的。各種政治理論都一定要在實踐過程中，作出無數次的政治運作方面的選擇和抉擇。而這無數次的各種選擇和抉擇，其對與錯，都會影響到人類命運以及人類社會的正面或負面的發展方向：如朝正面和好的方向走，可以為人類帶來進步、幸福、和平；如朝負面和不好的方向走，可以為人類帶來倒退、災難、戰爭（嚴重的錯誤，還可以導致人類滅亡！）

　　下面我就中華人民共和國的勝利和成立為例，說明一下政治選擇及抉擇所帶來的影響和結果。

（一）中國朝向社會主義前進和發展的選擇

　　新中國的革命勝利不是偶然的。它的發生有其一定的特殊性和歷史背景。

　　「中華民族有五千多年的文明歷史，創造了燦爛的中華文明，為人類作出了卓越貢獻，成為世界上偉大的民族。鴉片戰爭後，中國陷入內憂外患的黑暗境地，中國人民經歷了戰亂頻仍、山河破碎、民不聊生的深重苦難。為了民族復興，無數仁人志士不屈不撓、前仆後繼，進行了可歌可泣的鬥爭，進

行了各式各樣的嘗試，但終究未能改變中國的社會性質和人民的悲慘命運。」(1) 直至中國共產黨的成立。而中國共產黨也是經過了漫長的探索和鬥爭，最終找到了適合中國國情的政策，符合中國人民利益的政治綱領、路線、方針和革命道路，才能成功。由於政治道路的選擇正確，因此能為中國人民的革命事業指明方向，最終贏得勝利。但中國共產黨的領導地位和所作出的選擇也

「不是單憑任何人的願望或意志就能形成的。在很長時期內，中國面臨三種可供選擇的建國方案：第一種方案先由北洋軍閥後由國民黨反動統治集團代表。他們主張實行由地主買辦階級的專政，使中國社會繼續走半殖民地半封建的道路。第二種方案由某些中間派或中間人士代表。他們主張建立資產階級共和國，使中國社會走上獨立發展資本主義道路。第三種方案由共產黨代表，主張建立工人階級領導的以工農聯盟為基礎的人民共和國，經過新民主主義走向社會主義。這三種方案在中國人民的實踐中反復地受到檢驗。結果是：第一種方案被中國人民拋棄了，它的代表者的統治也被推翻了；第二種方案沒有得到中國人民的贊同，它的代表者的多數後來也承認這個方案在中國無法實現，只有第三種方案最終贏得中國最廣大的

人民群眾包括民族資產階級及其政治代表在內的擁護。由此可見，中國人民接受共產黨的領導，走上由新民主主義到社會主義的道路，是他們鄭重作出的<u>歷史性選擇</u>。」[2]

因此，中國「向社會主義方向前進，成為近代中國社會演變的必然結論和<u>中國人民的鄭重選擇</u>」[2]，而這一選擇，不但影響了中國社會的發展，同時還影響了人類世界的相處格局、價值觀和未來發展（pattern of human existence and societal values/structure/development）。而這對人類的演化的影響，已被證明是具實質意義和長效性的；因為<u>中國選擇的道路</u>，讓中國的崛起和復興能夠得到實現，讓世界秩序重整。

（二）選擇改革開放

再舉一個例子。1978年由於文化大革命而造成的十年中國內亂基本結束。「人民群眾期盼已久的安定局面開始形成」。

「廣大群眾強烈要求糾正『文化大革命』的錯誤理論和實踐，徹底扭轉十年內亂造成的嚴重局面，使中國社會主義建設事業重新奮起。與此同時，世界經濟快速發展，科技進步日新月異，國內外發展大勢都要求中國共產黨盡快就關係黨和國家前途命運的方針作出政治決斷和戰略抉擇。順應時代潮流和人民願望，1978年12月召開的黨的十一屆三中全會，實現了新中國成立以來黨的歷史上具有深遠意義的偉大轉折，開啟了

改革開放和社會主義現代化建設新時期」。(2)

以鄧小平為主要代表的中國共產黨，選擇把政治發展方向轉到經濟建設和改革開放上來，**是一個具歷史性的抉擇**，而這一抉擇肯定將會被載入史冊。因為改革開放這一形式，不但開創了中國現代化建設的局面，其影響還決定着中國的命運；其對人類歷史的演化，也起着關鍵性的引領作用。中國選擇改革開放，為人類建立一種人類歷史上嶄新的社會主義市場經濟體制，並為中國逐步建立「中國特色社會主義的可能性」，提供了理論和實踐的牢固基礎和科學論斷。這可以被視作為中國以及世界的一種劃時代創舉。

而鄧小平則無可置疑是中國和世界近代史上，一位在這方面享有崇高威望的卓越領導人和偉人。他的偉大之處不僅僅因為他是「中國社會主義改革開放和現代化建設的總設計師，中國特色社會主義道路的開創者，鄧小平理論的主要創立者」(3) 而是因為他的理論及其在中國的實踐，將會繼續改變和影響中國和世界的未來發展和人類命運的演變進程。

（三）中國特色社會主義是中國人民的必然選擇

習近平在十九大報告中指出：「**實現中華民族偉大復興是近代以來中華民族最偉大的夢想**」。「**實現中華民族偉大復興，必須合乎時代潮流，順應人民意願，勇於改革開放**」。而只有這樣，才能「使中國大踏步趕上時代」。(1)

在同一報告中，習近平還進一步明確指出：

「中國特色社會主義道路是實現社會主義現代化、創造人民美好生活的必由之路，中國特色社會主義理論是指領導黨和人民實現中華民族偉大復興的正確理論，中國特色社會主義制度是當前中國發展進步的根本制度保障，中國特色社會主義文化是激勵全黨全國各族人民奮勇前進的強大精神力量。」[1]

「我們要不負人民重托，無愧歷史選擇。」[1]

中國<u>選擇了必須走中國特色社會主義道路</u>，那麼在國內外和新的形勢變化下，呈現在中國新時代面前的，事實上是更多的選擇和抉擇，如：

「中國怎樣去堅持和發展什麼樣的中國特色社會主義、怎樣堅持和發展中國特色社會主義，包括新時代堅持和發展中國特色社會主義的總目標：總任務、總體佈局、戰略佈局和發展佈局、發展方式、發展動力、戰略步驟、外部條件、政治保證等基本問題，並且要根據新的實踐對經濟、政治、法治、科技、文化、教育、民生、民族、宗教、社會、生態文明、國家安全、國防和軍隊、一國兩制和祖國統一、統一戰線、外交、黨的建設各方面作出理論分析和政治指導，以利於更好堅持和發展中國特色社會主義。」[1]

近代以來中國社會發展的進程表明，<u>是歷史和中國人民選擇了社會主義道路，選擇了改革開放，選擇了要在這一新時代進一步鞏固和發展中國特色社會主義</u>。當然中國現今的領導層，如要完滿地完成這一偉大的任務，還需要在未來的前進道路和發展過程及行動中進一步<u>不斷地作出正確的政治選擇和抉擇</u>，來推動新時代中國特色社會主義繼續順利地向前邁進，使中國的復興和中國夢，得以如期實現。

現今「中國特色社會主義進入新時代，意味着近代以來久經磨難的中華民族迎來了從站起來、富起來到強起來的偉大飛躍，迎來了實現中華民族偉大復興的光明前景；意味着科學社會主義在二十一世紀的中國煥發出強大的生機活力，在世界上高高舉起了中國特色社會主義偉大旗幟；意味着中國特色社會主義道路、理論、制度、文化不斷發展，拓展了發展中國家走向現代化的途徑，給世界上那些既希望加快發展又希望保持自身獨立性的國家和民族提供了全新選擇，為解決人類問題貢獻了中國智慧和中國方案。」[1]

「中國特色社會主義進入新時代，在中華人民共和國發展史上，中華民族發展史上具有重大意義，在世界社會主義發展史上，人類社會發展史上，也具有重大意義。」[1]

中國現今繼續選擇要走中國特色社會主義的道路，這對人類命運的

演進，不但有其客觀存在的重要意義，同時也是推拉人類前進的一股重要力量。假如這一股力量無法出現或不出現或被逆轉，那麼人類，很可能會墮入戰爭、迷茫、失落、混亂、苦痛的混沌境地，然後逐步走向滅亡邊緣！

（四）政治上的錯誤選擇和抉擇

上面選了三個政治選擇和抉擇正確的例子。

這裏舉一個政治上的錯誤選擇和抉擇的例子。

中國建設中國社會主義的過程並不是一帆風順的。在過程中不但犯了一些政治理論上的錯誤，同時還在許多政治決策方面作出了<u>不正確的選擇和抉擇</u>。而最為嚴重的是「**在1959年的『大躍進』，尤其是1966年開始的『文化大革命』時期**」[2]。

> 「**『文化大革命』是毛澤東發動和領導的，對於這一全面性的『長時間』的『左』傾嚴重錯誤，毛澤東負有主要責任。但是，毛澤東的錯誤，終究是一個偉大的無產階級革命家所犯的錯誤。他追求純潔的、完美的社會主義，自以為開闢一條防止資本主義復辟、建設社會主義的新道路，而實際上卻被束縛在一些脫離實際的抽象的觀念中。**」[2]

從上面這一段分析可以看出，政治上的抉擇必須要實事求是，不能單靠一些脫離實際的、不完全正確的政治理論和理解來「代替我們去

思考和解決中國社會主義進程中的具體問題，國情千差萬別，時代不斷進步，只有準確把握我國基本國情和新的時代特徵，從中國經濟文化落後的實際出發，充分認識建設社會主義的長期性和複雜性，不斷作出新的、科學的理論概括。」 [2] 並在行動上作出正確的政治選擇和抉擇，中國的建設事業才能順利進行和可以不斷的壯大。

新中國成立至今，在這方面所得到的經驗教訓顯示，任何從外面引進到中國來的政治理論、社會運作方法、企業管理措施等，都必須經過一段中國化（即本地化［localization］）的適應期，才容易成功。從人類進化的角度來看，就是必須要做到符合人類進化的「適者生存」這一科學規律，才是正確的選擇。

（五）小結

「向社會主義方向前進是近代以來中國社會發展的<u>必然選擇</u>。近代中國遭西方列強的侵略和蹂躪，逐漸成為半殖民地半封建社會。為了救亡圖存，不同階級、不同階層、不同政治力量，提出並實踐過各式各樣的救國方略。但無論是舊式的農民起義還是封建統治階級的自救，無論是資產階級的改良還是革命，都不能擔負起實現民族獨立、人民解放和國家富強、人民富裕的歷史使命。」 [2] 因此，「向社會主義方向前進，成為近代中國社會演變的必然結論和<u>中國人民的鄭重選擇</u>。」 [2]

現今中國已進入新時代，中國以後的前進方向和發展道路必須不斷的在歷史進程中去創造和構建。正如中國重塑外交的選擇那樣，在「推動構建新型國際關係，推動構建共享尊嚴、發展和安全的人類命運共同體」已成為「中國外交的必然選擇。」 (3)

從中國過去40年選擇走改革開放的道路來看，中國的這一選擇是正確和成功的。而其成功的因素正如董振華所說由於中國選擇了「基於社會主義的工具理性、價值理性和實踐理性，突破了各種教條主義和經驗主義的迷信和禁錮」 (4) 而導致的結果。換言之，我認為選擇必須立足於理性的選擇，才易成功和持久；必須依靠理性的選擇，才是最實事求是（而無須過份依賴所謂信仰的力量來支撐）的做法。

無可置疑，中國的成功是舉世矚目的，但其歷程也是非常艱辛的。歷史和中國人民選擇要走中國自己的道路，是不爭的事實。任何其它的政治力量，如要推翻或否定這一事實，都會是徒勞的。中國除了走中國特色社會主義的路之外，我認為<u>中國並無更好和更適合中國持續發展和使中國可以強大起來的路可走或選擇</u>。跟着中國需要做的是怎樣能夠把中國的社會制度在各方面進一步優化，並做出各項正確的政策和行動上的選擇和抉擇，使中國的社會制度能夠長期穩定地發展下去；這對現今和將來的中國領導人來說，都是一個非常重大的考驗。

師生互動：Q&A

① 現今中國社會的主要矛盾已經轉化為人民日益增長的美好生活需要和不平衡不充分的發展之間的矛盾。舉兩個具體例子予以説明。

② 中國「兩個一百年」奮鬥目標是什麼？

③ 「文化興國運興，文化強民族強」。怎樣理解這句話？

④ 網上流傳這樣一句話：「我們生活在一個不和平的時代，但我們生活在一個和平的國家。」作為一個中國人，您有什麼要説？

⑤ 如果沒有精神文化生活的充實，就不可能有真正幸福的人生和美好的生活。您同意嗎？請解釋。

⑥ 在新的時代條件下，推動中國繁榮發展，要正確處理好守和變、中和外的關係。您會怎樣做？

⑦ 用圖表的方式，把這一章的主旨和他們之間的關係顯示之。

⑧ 用六張PPT把本章的內容扼要但全面地顯示出來。

參考

① 習近平，《決勝全面建成小康社會，奪取新時代中國特色社會主義偉大勝利》──在中國共產黨第十九次全國代表大會上的報告，（2017年10月18日），人民出版社（單行本），第10，12，13，18頁。

② 《中國共產黨的九十年──新民主主義革命時期》，中共中央黨史研究室著，（2016），中共黨史出版社、黨建讀物出版社，第348，631，632，646，999頁。

③ 王公龍等著，《構建人類命運共同體思想研究》，2019年，人民出版社，第57頁。

④ 徐斌等著，《理性的選擇》，2019年，北京聯合出版公司，第007頁。

──── 第4章 全球化抑或非全球化的選擇和抉擇 ────

（一）中國選擇走全球化道路

習近平在世界經濟論壇2017年年會開幕式上的主旨演講中指出：

「今天我們生活在一個矛盾的世界之中，一方面物質財富不斷積累，科技進步日新月異，人類文明發展到歷史最高水準。另一方面，地區衝突頻繁發生，恐怖主義、難民潮等全球性挑戰此起彼落，貧困、失業、收入差距拉大，世界面臨的不確定性上升。」[1]

現今世界出現的亂像是不是經濟全球化帶來的呢？對於這一個問題，習近平斬釘截鐵地說：

「困擾世界的很多問題，並不是經濟全球化造成的。譬如，過去幾年來，源自中東、北非的難民潮牽動全球，數以百萬計的民眾顛沛流離，甚至不少年幼的孩子在路途中葬身大海，讓我們痛心疾首。導致這一問題的原因，是戰亂、衝突地區動盪。解決這一問題的出路，是謀求和平、推動和解、恢復穩定。再譬如，國際金融危機也不是經濟全球化發展的必然產物，而是金融資本過度逐利、金融監管嚴重缺失的結果。把干擾世界的問題簡單歸咎於經濟全球化，既不符合事實，也無助

於問題的解決。」[1]

回顧一下中國，在走全球化道路的過程中也有過困惑：

> 「當年中國對經濟全球化也有過疑慮，對加入世界貿易
> 組織也有過忐忑。但是我們認為融入世界經濟是歷史大方向，
> 中國經濟要發展，就要敢於到世界市場的汪洋大海中去游泳，
> 如果永遠不敢到大海中去經風雨、見世面，總有一天會在大海
> 中溺水而亡。所以，中國勇敢邁向了世界市場。在這過程中，
> 我們嗆過水，遇到過漩渦，遇到過風浪，但我們在游泳中學會
> 了游泳。這是正確的戰略抉擇。」[1]

不過世界正處於大調整、大改革、大發展時期。其發展方向主要是朝着「和平、世界多極化、經濟全球化、社會信息化、文化多樣化、全球治理化和國際秩序變革加速發展」[2]。現今我們可以清楚看到，國與國之間的聯繫和依存日益加深、多樣性和複雜。國際力量對比也在漸趨平衡和穩定的方向發展。而「崛起的中國已成為全球人流、物流、資金流的交匯點。」[2]

> 「如果說清末民初是中華民族在西方船堅炮利威脅下，
> 面臨千年未遇的大變局，那麼現在則是自強漢盛唐以來中國再
> 度擁有千年未遇的大機遇。中國經濟實力、軍事實力、文化實
> 力、科技實力經歷百年來幾輩人艱難探索、厚積薄發，終於再

度位居世界前列。曾經的東亞病夫又屹立于民族之林。」⁽²⁾

但另一方面，也必須看到世界面臨的不穩定性不確定性突出：

「世界經濟增長動力不足，貧富分化日益嚴重，地區熱點
問題此起彼伏，恐怖主義、網絡安全、重大傳染疾病、氣候變化
等非傳統安全威脅持續蔓延，人類面臨許多共同挑戰。」⁽³⁾

不過，

「我們不能因現實複雜而放棄夢想，不能因理想遙遠而放
棄追求。沒有哪個國家能夠獨自應付對人類面臨的各種挑戰，也
沒有哪個國家能夠退回到自我封閉的孤島。」⁽³⁾

可惜的是，歷來高唱國際貿易自由化和經濟全球化的美國，在特朗
普總統上臺之後，卻極力反對全球化自由貿易（anti-free　trade），而崇尚
美國優先（America-first）的孤立主義（unilateralism　or　isolationism），
而導致國際秩序產生混亂，美國國際地位出現動搖，而長期獨霸全球
（hegemony）的西方體系，「面臨三百年來最大的變局。」⁽²⁾

美國特朗普總統選擇走反全球化的道路（'Trumpism'），將會對
未來世界經濟發展帶來許多負面影響，這是可以肯定的；而美國的國際
地位，也因此會江河日下。全球化（globalization）及非全球化（或保護
主義（protectionism））之間的明爭暗鬥和博奕，可以說才剛剛開始曝
光，逐步展開（unfold）和升溫；但我相信全球化的發展趨勢（trend）

已相當牢固（firm），不是美國一家可以輕易逆轉、憾動和顛覆的。但由於美國擁有強大的經濟實力、根深蒂固和歷來都非常高傲和自負的價值觀和意識形態，要特朗普或美國的當權者回心轉意或懂得怎樣去尊重別國和放棄他們的欺凌心態，看來需要頗長的一段時間，是一場持久戰！

（二）世界多極化

2017年，習近平在聯合國日內瓦總部演講時指出：

「人類正處在大發展、大變革、大調整時期。世界多極化、經濟全球化深入發展，社會信息化、文化多樣化持續推進，新一輪科技革命和產業革命正在孕育成長，各國相互聯繫、相互依存，全球命運與共、休戚相關，和平力量的上升遠遠超過戰爭因素的增長，和平、發展、合作、共贏的時代潮流更加強勁。」 [1]

「我們要推進國際關係民主化，不能搞『一國獨霸』或『幾方共治』。世界命運應該由各國共同掌握，國際規則應該由各國共同書寫，全球事務應該由各國共同治理，發展成果應由各國共同分享。」 [1]

從上面的話我們可以清楚地看到，中國除了選擇走全球化發展的道路，同時也在用大力氣維護和支持多邊主義（pluralism），因為只有選擇支持多邊主義，才能有效地維護和平和促進全球化的發展，而這是唯

的一條現實（realistic）和有效（effective）路徑。相信隨着中國不斷的發展，中國支援多邊主義的力度也將會進一步加大；同時，也會得到愈來愈多的國家的支援。而只有這樣我們人類才能排除一切困阻，建設一個安全、共同繁榮、清潔美麗、開放包容的人類的未來世界。

（三）小結

從上面我們可以看到，要達致以上目標，我們得**選擇**（如中國所提出的）要求國與國之間：

「堅持對話協商，不要兵戎相見，不要搞恐怖主義，不要引發戰亂；

堅持共建共享，共同發展，不要搞自私自利的單邊主義、保護主義和排他主義；

堅持合作共贏，建立協同聯動的夥伴關係；

堅持交流互鑒，維護和支持多邊主義，尊重意識形態多元化；

堅持綠色低碳，不要傷害自然，要讓人與自然共生共存；

堅持推動全球化進程，構建人類命運共同體；

堅持公平包容，建立文化相融和普惠的經濟發展模式；

堅持創新，不斷驅動和創造新的經濟增長點以及打造開放和持續發展的增長模式以適應世界經濟的變化和人類文明的演進；

堅持和平，反對冷戰思維和強權以及霸權政治，宣揚和睦共處的人道主義精神；

堅持與時俱進，不要把自己的發展模式、價值觀和宗教信仰強加於人。」

習近平説：「宇宙只有一個地球，人類共有一個家園。」[1]我們都必須要加以珍惜。

「世界經濟的大海，你要與不要都在哪兒，是回避不了的。想人為的切斷各國的經濟流、技術流、產品流、產業流、人員流，讓世界經濟的大海退回到一個一個孤立的小湖泊小河流是

不可能的，也是不符合歷史潮流的。」⁽¹⁾

「人類歷史告訴我們，有問題不要怕，可怕的是不敢直面問題，找不到解決問題的思路：面對經濟全球化帶來的機遇和挑戰，正確的選擇是充分利用一切機遇，合作應對一切挑戰，引導好經濟全球化走向。」⁽¹⁾

只有這樣全球發展才不會失衡，也只有這樣才能滿足人類對美滿生活的響往以及戰勝暫時還未能解決的那些負面影響人類命運演進的饑餓、貧困、無知和偏見等。

在這裏也必須指出，全球化發展並不等同於美式「全球主義」（American globolism）。所謂「全球主義」（或美式的「全球主義」）指的是，美國正在推行的要世界上所有的國家和全人類都聽從美國的指揮，認同美國的價值觀，承認世界上只能有一個主義──就是「美國主義」（Americanism）或「美國資本主義」（American Capitalism）。假如有哪一個國家不聽命於美國，美國就會動用一切手段予以打壓。加拿大應美國要求拘捕華為的CFO孟晚舟，便是一個很好的例子。因為美國要禁止華為的5G在全球發展。美國的這種做法，對人類未來的發展是極其有害的，因為美國選擇的是一種具排斥性的手段（exclusive），而不是人類命運進化和發展所要求的需提供一個包容（inclusive)和多元的環境。

師生互動：Q&A

① 什麼是多邊主義？什麼是單邊主義？美國為什麼要反對多邊主義，而要選擇走「單邊主義」的道路？這對美國有什麼好處？

② 中國為什麼要選擇開放政策？

③ 'Internationalization' 和 'Globalization' 有分別嗎？

④ 中國要向世界說好中國的故事。應怎樣說？

⑤ 文化多元主義（Multiculturalism）是什麼？什麼是人文主義？

⑥ 建議大數據和人工智能可以怎樣來促進博雅教育（Liberal Arts Education）的發展？博雅教育能促進全球化的進程嗎？我們為什麼要反對美國正在實行的霸權性的「全球主義」？

⑦ 用圖表的方式，把本章的主旨以及它們之間的關係清楚顯示出來。

⑧ 用五張PPT把本章的內容扼要和全面地表示出來。

參考

① 習近平，在《世界經濟論壇2017年年會和訪問聯合國日內瓦總部演講》，人民出版社（單行本），2017，第2，4，20，21，23頁。

② 《中國機遇在眼前，識時務者為俊傑》，「東方日報─神州觀察」專欄《東方日報》，2017年1月17日。

③ 《決勝全面建成小康社會奪取新時代中國特色社會主義偉大勝利》，習近平，在中國共產黨第十九次全國代表大會上的報告，2017年10月18日，人民出版社（單行本），第58頁。

——— 第5章 經濟和商業方面的選擇和抉擇 ———

　　在經濟或商業活動運作的過程中，不論是政府或者經商人士都經常需要作出許多決定。而這些決定必須在一定的時間之內或場合（對有關之事在作出決定之前）預先做好一連串有關的選擇、抉擇和決定。在某些情況之下，有些選擇和抉擇需要經過很多詳細的研究、調查、討論、爭論才能作出，但有些則在沒有充分的研究和調查等的情況下作出。但無論是經過詳盡的考慮或者沒有經過詳盡的考慮作出的選擇和抉擇，最後都要經過實踐的驗證，才能知道所作出的選擇和抉擇的正確性：是錯是對？有多大風險？需要付出什麼代價？會有怎樣的後果？能否達到預期目的？等。

　　下面就讓我舉幾個例子，說明一下在經濟和商業領域所需作出的選擇和抉擇的過程的複雜性、背景和理由等，希望讓大家可以清楚意識或瞭解到，在經濟和商業領域要作出選擇和抉擇時的困難和其中所涉及的問題的複雜程度等。

（一）經濟

1.中國經濟發展進入新常態之後的多種選擇和抉擇

2016年7月1日習近平在慶祝中國共產黨成立九十五周年大會上的講話中指出：

「面對中國經濟發展進入新常態、世界經濟發展進入轉型期、世界科技發展醞釀新突破的發展格局，我們要堅持以經濟建設為中心，堅持以新發展為理念引領經濟發展新常態，加快轉變經濟發展方式、調整經濟發展結構、提高發展品質和效益，着力推進供給側結構性改革，推進經濟更有效率、更有品質、更加公平、更可持續地發展，加快形成等向創新、注重協調、宣傳綠色、厚植開放、推進共享的機制和環境，不斷壯大我國經濟實力和綜合國力。」(1)

中國作出以上的決定，也不是所有人都同意，因為還有其他的發展方向可供選擇。譬如「社會上有一些人說，目前貧富差距是主要矛盾，因此『分好蛋糕比做大蛋糕更重要』主張分配優先於發展。」(2)

但由於中國經濟發展進入新常態，中國的經濟發展環境、條件、任務、要求等方方面面都起着新的變化。故此習近平指出：「面對經濟社會發展新趨勢新機遇和新矛盾新挑戰，謀劃，『十三五』時期經濟社會發展，必須確立新的發展理念，用新的發展理念引領發展行動。」(3)為此，中國提出了「創新、協調、綠色、開放、共享」的五大新發展理念。並強調這五大新發展理念，「是『十三五』乃至更長時期我國發展思路、發展方向、發展着力點的集中體現。」(3)

以上五大理念，其中需要特別說明一下的是「共享」的理念，因為

這是中國共產黨在十八屆五中全會提出來較為新的理念。**「其內涵主要有四個方面。一是共享是全民共享。二是共享是全面共享。三是共享是共建共享。四是共享是漸進共享。」**(3) 有關這一問題,習近平指出:

> 「落實共享發展理念,『十三五』時期的任務和措施有很多,歸結起來就是兩個層面的事。一是充分調動人民群眾的積極性、主動性、創造性,舉全民之力推進中國特色社會主義事業,不斷把『蛋糕』做大。二是把不斷做大的『蛋糕』分好,讓社會主義制度的優越性得到充分體現,讓人民群眾有更多獲得感。」(3)

從以上我們可以看到,**「要落實共享發展是一門大學問,要做好頂層設計到『最後一公里』落地的工作,在實踐中不斷取得新成效。」**(3) 其次,我們還可以看到,要取得這方面的新成就,還需要不斷通過實踐作出各種正確的選擇和抉擇,使共享的新理念可以**「落實到決策、執行、檢查各項工作中」**,而更重要的是必須**「下好『十三五』時期發展的全國一盤棋」**。**「處理好局部和全面、當前和長遠、重點非重點的關係,去權衡利弊中趨利避害、作出最為有利的戰略抉擇」**。(3)

2.怎樣選擇市場和政府在資源配置中起的作用

中國正在如火如荼進行深化改革,而其中一個比較重要而必須在理論上和思想上明確的問題和重點是必須處理好政府和市場之間的關係。**「進一步處理好政府和市場關係,實際上是處理資源配置中市場起決定**

性作用還是政府起決定性作用這個問題。」[3] 也就是說怎樣在這兩者之間作出選擇和抉擇，或這樣說，即：怎樣在兩者之間尋找到一個平衡點。而對於這一個問題，習近平在這方面的闡述，我認為非常到位，他說：

「發展社會主義市場經濟，既要發揮市場作用，也要發揮政府作用，但市場作用和政府作用的職能是不同的。」對於可怎樣更好發揮政府作用，他「明確要求，強調科學的宏觀調控，有效的政府治理，是發揮社會主義市場經濟體制優勢的內在要求。」同時「對健全宏觀調控體系、全面正確履行政府職能、優化政府組織結構進行了部署，強調政府的職責和作用主要是保持宏觀經濟的穩定，加強和優化在公共服務，保障公平競爭，加強市場監管，維護市場秩序，推動可持續發展，促進共同富裕，彌補市場失靈。」[3]

習近平因此強調一定「要積極發展混合所有制經濟，強調國有資本集體資本、非公有資本交叉持股、相互融合的混合、所有制經濟是基本經濟制度的重要實現形式，有利於國有資本放大功能、保值、增值提高競爭力。這是新形勢下堅持公有制主體地位，增強國有經濟活力、控制力、影響力的一個有效途徑和必然選擇。」[3]「在市場作用和政府作用的問題上，要講辯證法、兩點論，『看得見的手』和『看不見的手』都要用好，努

力形成市場作用和政府作用有機統一、相互補充、相互協調、相互促進的格局，推動經濟社會持續健康發展。」[3]

中國選擇採用這樣一種市場作用和政府作用的互動關係來推動中國特色社會主義的發展，做到既要「有效的市場」也要「有為的政府」，使公有制經濟、非公有制經濟能夠相輔相成、相得益彰，互不排斥或相互抵消，的確是一件非常不容易的事，需要不斷的探索和作出正確的選擇和抉擇。但這是一個嶄新的經濟模式和嘗試，是中國試圖在實踐中要破解的一道經濟學上的「世界性難題」。[3] 所以對於中國在經濟發展方面所走的路，我認為必須用向前看和創新改革的眼光去看，而不能用西方的傳統的經濟發展模式去看或評論，只有這樣才能容易理解中國的這一種新經濟發展模式的優點和創新點及其對推動人類社會發展的重要性。

（二）商業

有關在商業領域需要作出的選擇和抉擇是非常多的，這裏我扼要地用兩個成功的選擇和一個失敗的選擇，作為典範來說明有關在商業領域，要作出選擇和抉擇的困難及其所需的特殊時空背景等。

成功的例子：

（一）中國的阿里巴巴；

（二）臺灣的台積電。

失敗的例子：

（三）柯達的破產。

1.中國的阿里巴巴

1999年馬雲帶領着17位創辦人，建立了一個在互聯網上中小企業開展電子商務（digital or e-trade）的平臺（platform）。這就是現今有名的阿里巴巴集團的開始。馬雲選擇利用互聯網來為中國的中小企業、商家打造一個可以自由貿易和開放式的經商平臺，創造了互聯網企業發展的中國傳奇。

「29年前（注：年份都是從2017年此書出版時開始算起），馬雲在中國杭州的西湖邊創辦了『英語角』。那是基於他12歲時在杭州西湖飯店門口，以免費為老外當導遊換來的英文學習經歷。二十二年前，弄潮青年馬雲在美國西雅圖第一次接觸互聯網，四個月後，他發起創辦的中國第一家互聯網商業公司『杭州海博計算器服務有限公司』成立；再一個月後『中國黃頁』正式上線。十八年前，一直嘲不懂技術的馬雲，與其他『十七羅漢』共同創了『阿里巴巴』。十四年前，SARS（嚴重急性呼吸道症候群）期間，『讓天下沒有難做的生意』為初心的馬雲創辦了『淘寶』。在短短三年時間內，淘寶迅速佔領市場的領先位置。」(4)

現今馬雲又作出了新的選擇和抉擇，他正在為建立一個世界性的跨

境電子商務運作模式和環境而努力。馬雲說：

「下一個十年，他會花更多的精力，來幫助中小企業及創業者。馬雲的關注視角和主要精力，已然從小我發展到大我，從阿里自身的發展延伸到中小企業的發展、綠色環保、教育、經濟全球化、反傾銷，以及年青人如何適應全球化進行創業、創新等諸多領域。」[4]

希望歷史能夠再一次證明，馬雲所選擇走的道路，對支持和推動經濟全球化是正確和有效益的。在這一經濟全球化的時代，我相信能夠支持和推動經濟全球化進程的商業行為，都會對社會和人類命運的演化引發巨大的作用和影響；而這一世界性的嶄新的電商發展方向和趨勢，對世界觀、全球性的文化融合和創新，人類命運的演進等也都會帶來極其重要的意義和引領作用。其次

「阿里這家企業，是因為開放才有今天；世界過去五十年的發展，也是因為開放才變成今天這個樣子。世界各國的貿易也好，商業往來也好、政治、外交等，都在走向開放。這個世界受益于開放，未來也應該受益於開放，世界必須走向愈來愈多元的開放」[4]

但可惜的是，現今有些外國政治領導人，卻在反對多元以及開放的世界經濟發展模式和格局。人類的生存是有這一需要建立一個每一個國家

都能接受和參與的國際秩序、規矩和原則。但如今美國總統特朗普，卻在胡亂鼓吹要搞貿易壁壘和保護主義，還有什麼「美國第一」。這些我認為都會造成破壞及限制商業的自由發展，形成更多的區域不平衡和國與國之間貧富不均的現象出現。這樣做同時也會造成和引發更多的國與國之間的矛盾、爭執和戰爭。所以必須予以反對和抵制。只有反對和抵制這種極其愚蠢的做法，人類的前途和命運的演進才不會停滯或逆轉。

今天的電子商貿和互聯網，我認為是可以阻止保護主義的崛起的，因為電子商貿和互聯網已經不僅僅是一個購物平臺這麼簡單，而是一個可以全方位多元化地提供新聞、玩遊戲、聊天等聯合在一起的一個多元平臺。將來再加上大數據、5G和智能方面等的各種引領和推動，讓每一個人和人類每一個社會層面，都需要和能參與其中而有所得益，從而變成為人類社會未來向前發展和進步的巨大推動力和命運共同體。而在這一發展和進步過程中，我們所走出的每一步路和每一個選擇和抉擇，都有可能成為人類和人類命運以及世界文明發展的決定性因素和動力之源。

2.臺灣的台積電

臺灣的「積體電路有限公司」（即「台積電」-tsmc），是一個很成功和有名的企業，它的成功是因為其董事長張忠謀領導有方。張忠謀是一位很具傳奇性的人物，他在美國的高科技界有很高的名望和地位。當他54歲時，他在臺灣創建了台積電，把臺灣的半導體企業不但建成具影

響力的產業，並且還影響了世界半導體產業的發展格局和方向。

張忠謀在他的人生道路上，不斷求變和做出不同的選擇和抉擇。他的選擇和抉擇有時是由於他個性所然，有時則是受到環境、機遇等因素而走入半導體事業之路——「與半導體結了一生的緣」。[5]

「1985年54歲的張忠謀以在美華人最高企業主管的身份，應邀出任臺灣工業技術研究院院長。」[5] 他回台後，主導選擇要搞晶圓製造。在那個時代，**「半導體公司大多把晶體製造作為副業，因為主業不是晶圓製造，而是設計和銷售自己的產品，所以他們替別人代工的服務很不好，不夠專業。」**[5] 張忠謀看準了這機會，把晶圓製造變成「台積電」的專業，他的這一選擇和決定，為半導體產業開創了兩個新的產業：一、他把晶圓代工廠變成為一個其他企業可以依靠的高度專業企業；二、他促使許多半導體企業，不需要投資昂貴的晶圓製造廠就能創辦半導體公司。

「哈佛大學著名管理學教授邁克爾.波特，為張忠謀總結過他在『德儀』（Texas Instruments）之外，他對半導體業發展的新貢獻：不但創造了自己的行業，也創造了兩個工業：第一是晶圓代工業，第二個是無晶圓廠設計業。」[5]

張忠謀可以說是一個謀略家，所以他經常在審視和考慮各方面的發展情況後，才作出選擇和抉擇。有人說由於他的思維方式使他能夠成功，因為他懂得利用逆向思考的方法來作出他的選擇和抉擇。但他說：

「策略訂得正確，保證60%的成功希望，其他40%是靠執行力」。(5) 很明顯的在執行時，他的選擇和抉擇能力顯然也是發揮得淋漓盡致的，不然他不會如此成功。

此外，他把創新看得很重。他認為「**小創新是『聰明但狹窄的選擇』**。要真正的開天闢地，領導人必須大創新，改變規則，顛覆過去。」(5)

他說：「領導人最重要的任務就是想未來、規劃未來，董事長**應該花75%時間，總經理應該花50%時間，副經理應該花25%時間去想，去規劃未來，而且要不斷給經理人出問題，逼他們也要想公司的未來。**」(5) 我認為，張忠謀在他「想未來」的過程中，也必須經常作出許多選擇和抉擇；而張忠謀所作出**最具洞悉力和顛覆性**的選擇和抉擇，就是決定讓「台積電」為無力設晶圓廠的設計公司做代工。

3.柯達的不智選擇和抉擇

大家都知道柯達（Kodak）是美國一間很有名和規模很大的生產攝影用的膠片（film）的大企業。曾經在顛峰期全球員工達14.5萬人。「**1990年，1996年在品牌顧問公司排名之十大品牌中柯達位居第四，是感光界當之無愧的霸主。膠捲占全球2/3市場份額。**」(6) 但由於數碼相機的出現，柯達生產這種傳統膠片的企業便被淘汰而走向沒落，最後需要破產。柯達行業衰落的原因和過程很具啟發性，因為它說明在選擇和做出抉擇，有沒有需要從傳統的行業轉型至投入更為創新型技術的方向發展

的時候，柯達的領導層犯了一個極大的選擇和抉擇性的錯誤。第一、他低估了數碼相機技術的商業潛力；第二、他對傳統的膠片技術過份的信賴，超自信和太喜愛柯達的品牌；第三、據傳當時的領導層相當高傲和自負，完全看不起和無法接受數碼相機將來可以完全替代傳統相機；第四、他忽略了消費者的選擇意願以及抉擇傾向和必然性。

具諷刺的是，世界上第一台數碼相機卻是由柯達的實驗室研發出來的，但可惜由於以上原因，柯達最後放棄了繼續開發這一數碼相機業務。不過2003年選擇再試**「從傳統影像業務向數碼業務轉型」**[6]，但這次由於許多競爭對手在技術方面已領先和超越了柯達，所以柯達的這一轉型選擇又是失敗告終。

「在這個變的時代，唯有創新是不變的真理，這種創新不但基於技術和管理層，更基於商業模式，乃至消費體驗層面。任何固步自封不見創新均難以贏得未來，而傲慢和忽視消費體驗更將令其難以持久。」[6]任何商家和企業家，要在作出新的和重大的各種選擇和抉擇時（特別是在需轉型時），請重溫一下這段話。

（三）小結

從以上所舉的例子可以清楚地看到，在經濟和商業領域，許多決定都需要經過詳細的考慮和研究才予以作出。但有一位很成功的商人對我說，做計劃和研究對於作出最後的選擇和決擇的確很重要，但有時由於

天時地理人和等因素的突然轉變，許多商業方面的決定都只能靠經驗和信心來作出選擇和抉擇。因為在商業領域機會雖然很多，但很多時侯機會都是一瞬即逝，所以往往**需要立即作出反應和抉擇。**

不過在國家經濟層面，一般來說就很少允許拍拍腦袋就作出決定之事（雖然有些不負責任的官僚經常會這樣做！）。在正常的情況，許多國家性的經濟政策、策略、行動等，為官的都必須經過慎密的計劃、研究和諮詢過程才能作出選擇和抉擇。但可惜的是有些國家，在作出抉擇時會受到意識形態、偏見、成見、政治需求、黨派之爭（在許多所謂的自由民主國家內黨爭是一種常態！）、利益衝突等的影響所左右，使自由經濟貿易方面的正義、公平等都無法得到伸張和貫徹落實。譬如現今的美國總統特朗普所做的許多決定，都是根據他個人的政治私利或美國的利益而作出的。

特朗普在2018年1月31日的首份國情咨文，不斷提到要搞國與國之間的公平交易，但他所謂的公平只是在爭取和要求美國能得到最大好處和利益，而其他國家的利益和好處就不是他要考慮、照顧和擔心的問題。換言之，他的所謂公平只是要做到損人利己。假如根據這樣的心態和邏輯來作經濟方面的選擇和抉擇，完全是一種被政治和意識形態所影響和操控的選擇和抉擇，這樣又怎能達致公平貿易呢？對美國來說現今公平貿易已名存實亡，而變成一種單邊的只能體現美國霸權和利益的經

貿關係。

　　相反，現今中國在作出經濟決定時，卻盡量不但照顧到國內和國外的經濟形勢發展和需求，而且還要能促使和滿足經貿全球化的進程。譬如習近平在2018年1月30日，就建設現代化經濟體系的學習會上指出：

> 「只有形成現代化經濟體系，才能更好順應現代化潮流和贏得國際競爭主動，也才能為其他領域現代化提供有力支撐。我們要按照建設社會主義現代化強國的要求，加快建設現代化經濟體系，確保社會主義現代化強國目標如期實現。習近平強調，現代化經濟體系，是由社會經濟活動和各個環節、各個層面、各個領域的相互關係和內在聯繫構成一個有機整體。要建設創新引領、協同發展的農產體系、實現實體經濟、科技創新、現代金融、人力資源協同發展、使科技創新在實體經濟發展中的份額不斷提高現代金融服務實體經濟的能力不斷增強，人力資源支撐實體經濟發展的作用不斷優化。要建設統一開放、競爭有序的市場體系，實現市場准入暢通、市場開放有序、市場競爭充分、市場秩序規範、加快形成企業自主經營公平競爭、消費者自由選擇自主消費、商品和要素自由流動平等交換的現代市場體系。要建設體現效率、促進公平的收入分配體系、實現收入分配合理、社會公

平正義、全體人民共同富裕，推進基本公共服務均等化，逐步縮小收入分配差距。要建設彰顯優勢、協調聯動的城鄉區域發展體系，實現區域良性互動、城鄉融合發展、陸海統籌整體優化，培育和發展區域比較優化，加強區域優勢互補，塑造區域協調發展新格局。要建設資源節約、環境友好的綠色發展體系，實現友好的綠色發展體系，實現綠色迴圈低碳發展、人與自然和諧共生，牢固樹立和踐行綠水青山就是金山銀山理念，形成人與自然和諧發展現代化建設新格局。要建設多元平衡、安全高效的全面開放體系，發展更高層次開放型經濟，推動開放朝着優化結構、拓展深度、提高效益方向轉變。要建立更好發揮政府作用的經濟體制，實現市場機制有效、微觀主體有活力、宏觀調控有度。」(7)

很明顯的，從上面我們可以清楚看到，中國在經濟發展規劃方面以及中國在經濟發展規劃要建立的不單是一個現代經貿體系，而更重要的是要所有國家都能在全球經濟的發展過程中獲益；要達到這一目的，中國必須借鑒發達國家的有益做法，以及與世界上其他的國家通力合作才能成功。而特別重要的是要與美國建立互相協調、互贏的經貿關係。中國外交部發言人華春瑩在2018年1月31日的例行記者招待會上表示：「**歷史和現實都表明，合作是中美雙方唯一正確的選擇，共商才能通向更好**

的未來。」但特朗普卻別有用心地在他的國情咨文中認為中國和俄羅斯是在「**挑戰美國利益、美國經濟和美國價值觀**」，因此他必須選擇與中國進行衝突性的較量。對此華春瑩稱：「**中美擁有廣泛而重要的共同利益，同時也存在分歧，但兩國的共同利益遠大於分歧。希望美方屏棄冷戰思維和零和博弈的過時觀念，正確看待中國和中美關係，同中方相向而行，相互尊重，聚焦合作管控分歧，維護中美關係健康發展。**」

美國歷來奉行的所謂對抗性民主政治的思維方法，很難可以讓特朗普會真正願意與中國作協商合作，因此，我相信他只會繼續選擇美國民主政治及自由經濟所崇尚、遵循和推行的對抗性法則（confrontation），而這一種對抗性的霸權意識形態以及你死我活（killing mentality）的尋求對抗的民主政治（Confrontational Democracy）和經貿策略，與**中國所宣導的共享、共贏的意識形態以及協商、合作和尋求共識的民主政治**（Consensus Democracy）所推崇引導的經濟貿易政策是有很大的區別和矛盾的。因此，**中美之間在經貿方面，經常出現不同的和針鋒相對的立場、選擇和抉擇**，就不足為奇了。而值得悲哀的是，美國的這種「非要別人死，而我才能活」的國策，將可能會長期堅持下去，而這對人類能否選擇平和地發展和人類命運需平穩地進化是一種非常重大的打擊和設置了許多難以輕易逾越的障礙！中國一再指出，中美的經貿戰，不會有贏家。美方的加徵關稅做法，不利於中美雙方和世界經貿的發展，「合作，才是中美唯一正確的選擇。」 (8)

師生互動：Q&A

① 在經濟和商業上做決定的方法有什麼區別？

② 什麼是「以人民為中心」的發展思想？

③ 「中國經濟發展進入新常態」，是什麼意思？

④ 「發展是解決我國一切問題的基礎和關鍵」。請解釋。

⑤ 實現更高質量、更有效率、更加公平更可持續發展政策（policy）對興旺商業重要嗎？有用嗎？為什麼？

⑥ 解決貧富差距：「分好蛋糕比做大蛋糕更重要」。同意嗎？請解釋。

⑦ 用圖表的方式，把本章的主旨以及它們之間的關係清楚表示出來。

⑧ 用十張PPT把本章的內容扼要和全面地顯示出來。

參考

① 《在慶祝中國共產黨成立九十五周年大會上的講話》（2016年7月1日）人民出版社單行本，第15-16頁。又見〈習近平關於社會主義經濟建設論述摘編〉，（2017），中共中央文獻研究室編，中央文獻出版社，第13頁。

② 《中央財經領導小組第十三次會上的講話》（2016年5月16日），見〈習近平關於社會主義經濟建設論述摘要〉，中共中央文獻研究室編，（2017），中央文獻出版社，第12頁。

③ 《習近平關於社會主義經濟建設論述摘編》，中共中央文獻研究室編（2017），中央文獻出版社，第19，20，36，42，43，52，53，54，64頁。

④ 《馬雲：未來已來》，阿里巴巴集團編著，2017年，天下文化出版，第7-9，33頁。

⑤ 2017年網上資料：華商韜略編委會，作者畢亞軍。

⑥ 2017年網上資料，百度百科。

⑦ 《澳門日報》，B3要聞，2018年2月1日。

⑧ 《央廣電：中國已做好全面應對準備》，《香港文滙報》，2019年5月14日。

第6章 大數據對選擇和抉擇的影響

什麼是大數據？

「麥肯錫給出的定義是：大數據是指大小超出了常規數據庫工具獲取、存儲、管理和分析能力的數據集合。維琪百科的定義是：巨量數據（Big Data）或稱大數據，指的是所涉及的數據量規模巨大到無法通過目前主流軟體工具，在合理時間內達到擷取、管理、處理並整理成為幫助企業經營決策更積極目的的資訊。IDC（國際數據公司）則從大數據的特徵來定義，即海量的數據規模（Volume）、快速的數據流程程轉和動態的數據體系（Velocity）、多樣的數據類型（Variety）、巨大的數據價值（Value）。」[1]

現今我們正處在一個全新的海量的大數據生態環境中，這一具革命性的環境的出現，主要是因為我們已擁有和掌握了全新的大數據基礎設施（如雲計算等），大數據分析體系（如強有力的計算器和演算法等）以及利用大數據來思考和懂得怎樣應用大數據的方式去尋找和解決問題（包括各種創新性的梳理和利用數據的思維方法）等。

換言之，大數據從

「微觀層次看，是在新一代信息基礎設施支撐下，物理

空間運動過程加速向網絡空間映射的結果，表現為規模巨大、種類多樣、內在關聯的數據集，趨向於無限接近真實世界；中觀層次看，大數據是信息經濟時代主要的生產要素，是改造生產力和生產關係的基礎性力量，個人角色、企業組織結構與戰略、國家治理方式、國家之間競爭方式，將在網際空間中被重新構建；宏觀層次看，大數據是認識的變革，大量物件從不可知到可知，從不確定性到精確預測，從小樣本近似到全樣本把握，是認識世界和改造世界能力的昇華。」[1]

大數據這一革命性力量的出現，不但為各個行業領域帶來顛覆性的改造、戰略性的轉型和創新；而對每個人的思維方法、國家治理、城市安全、國與國之間的博弈、人類命運的演化，也將引發巨大和根本性的改變以及全域性和全球性的衝擊和影響。

「在新的數字世界當中，個人如何生存、企業如何競爭、政府如何提供公共服務、國家如何創新治理體系，都需要重新審視和考慮。也必將使一些新的組織乘勢崛起。結果的千差萬別往往在於思維方式的轉變，是迅速反應、適應變化，還是墨守城規、抱殘守缺，選擇權往往在組織本身。」[1]

譬如美國通用電氣公司（GE）

「早在2012年11月份，就發佈了一份『工業互聯網：突

破機器與智能的界限』的報告，提出繼工業革命、互聯網革命之後，工業互聯網作為新一輪產業革命已經發生，在這個新範式下，智能型機器、智能生產系統、智能決策系統，將逐漸取代原有的生產體系，構成一個『認數據為核心』的智能化產業生態系統。」[1]

2015年阿里巴巴董事局主席馬雲在漢諾威的演講中向全世界表達了

「我們正從IT時代走向DT時代的思想。提出未來驅動經濟增長的將不再是石油和電力，即是數據。未來世界企業將不再關注於規模，他們會關注於靈活性、敏捷性、個性化、用戶友好。」[2]

這就是說，現今和未來的世界越來越多的個人、企業、政府管理活動和決策等都會由數據來驅動，因為大數據這一具智能屬性的技術手段將會貫穿在經濟和社會發展體系的方方面面和各個環節，促使大數據和先進的製造業、管理、服務等行業融為一體。大數據由於其影響力之強大和深遠，經常又會被利用來作為全球性的重要治理工具之一，滲透在全球治理領域的所有方面，如預測疾病、動亂、衝突、前瞻，預警各種危機的發生等功能。大數據對所有國家在規劃和提出各種治理方法、方案和措施時或過程中，可以做到更為快捷、敏銳、前瞻、真實、精準和細緻的各種選擇和抉擇。

其次，從世界文明的進化角度來看，「人類文明經歷了三種形態：採獵文明、農耕文明和工業革命」[1]，而現今我們正朝着數據文明邁進。數據文明的特點是「數據文明是一種可累進的文明。首先它可以讓人與人之間，尤其陌生人之間的遠端大規模的協作變成可能，而陌生人之間的協作，正是財富創生的根本基石。其次，它通過數據的演進，逐步推進人類對客觀世界的認知。」[1]而所謂數據文明，其影響所及是全

球性的，而這一影響是無法輕易予以逆轉的。

那麼為什麼大數據會有這麼大的威力呢？這是因為：

「**2011年左右，大數據的出現將大數據分析技術從傳統數據分析技術中分離出來。傳統的數據分析，數據發掘通常是基於結構化、關聯式的數據，而且往往是通過抽樣分析對整個數據集進行預測和判斷，這就要求採用的抽樣樣本必須是高品質的，否則預測出來的結果會出現很大的偏差。而大數據的分析，是對數據全案的分析，因此對數據的噪音，有一定的包容性。另外，傳統的數據分析，往往是某種因果關係的推理過程，而大數據分析，更關注規律性挖掘和關聯性分析。」** (1)

小結

很明顯的大數據的出現，「使得人類可以從大量的數據中學習到從較小量的數據中無法獲取的東西。」(1)其次，由於大數據所提供的數據等更為真實，這對任何決策者來講在數據事實面前就更容易作出正確的選擇和抉擇，而無須求諸於具風險的評估、推測、猜想或估計。而通過大數據所作出的選擇和抉擇的精確度（accuracy）和可信賴度（reliability or trustworthiness），會有更大機會和更能反映實際需求和做到實事求是的選擇、抉擇和決定等。

師生互動：Q&A

① 在情感、創造性等很多領域，大數據是無用武之地的。同意嗎？請解釋。

② 馬雲説：「IT時代是藉由對過往資訊的分析去掌控未來，而DT時代是去創造未來。」您同意這一觀點嗎？為什麼？

③ 「DT時代能釋放80% 企業的能力」。請解釋。

④ 「互聯網和大數據將成為整個中國和世界社會發展進步的巨大能源和動力」。同意嗎？請解釋。

⑤ 「政府部門未來的監管和治理離不開大數據」。請舉例説明之。

⑥ 有了大數據人類的想像空間，會否越來越窄？您對這一點有什麼看法？

⑦ 用圖表的方式把本章的主旨以及他們互相之間的關係清楚地表示出來。

⑧ 用四張PPT把本章的內容扼要但全面地表達出來。

參考

① 《大數據》，領導幹部讀本，2015，人民出版社，第2，3，11，24，31頁。

② 《馬雲：未來已來》，阿里巴巴集團編，2017，天下文化。

第7章 人工智能與選擇和抉擇的關係

人工智能（AI）的研發（R&D），起步早於互聯網，早於大數據，其發展速度起初較慢，但現今則愈來愈快。

「**AI對人類的天賦能力，超過以往任何一個時代。工業革命解放了人的體力，過去一些例如搬石頭之類的粗活需要人類自己來做，現在機器可以替代人類搬起更大的石頭。AI革命到來之後，原來很多需要耗費腦力的事情，機器也可以幫你做。在未來二十至三十年間，我們會不斷地看到各種各樣的變化、收穫各種各樣的驚喜。**」[1]

「**這兩年促使AI再度技驚世人的技術，則是機器學習技術昇華版，也就是基於多層計算器晶片神經網路的『深度學習（deep learning）』方法。透過多層晶片連結，模仿人腦大量神經元的網狀連結方法，輔以精妙的獎懲演算法設計和大數據，可以訓練計算器自己從數據中高效尋找模型和規律，從而開啟了機器智能的新時代。**」[1]

「**智能革命將要走的路和歷史上歷次技術革命的路會有很多相似之處。大數據和機器智能的趨勢一旦形成，就不是人力可以阻擋的。雖然有一些有識之士，包括霍金、蓋茨和馬斯**

克等人擔擾機器智能對人類會造成方方面面的衝擊，並且呼籲有節制地發展機器智能，但是智能革命的速度不會因此而放慢。」(2)

不過擔憂是沒有用的。正如

「郝景芳說，在人工智能時代人們不得不開始思考，我能做什麼？而結論必然是『我能做和機器人不一樣的事』。機器人迅速佔領標準化領域，而人類在各種差異化產品的供應中，尋覓新的領地。⋯⋯在未來，工廠機器流水線留給機器人，人會以更加富有創造性的方式與流水線競爭。人的獨特性會體現出來：思考、創造、溝通、情感交流；人與人的依戀、歸屬感和協作精神；好奇、熱情、志同道合的驅動力。根本不是計算能力和文字處理能力，而是人的綜合感悟和對世界的想像力，才是人和機器人最大的差別和競爭力。創造者的個性化，才是產品的價值所在。」(3)

換言之，人要戰勝機器人、控制機器人為我所用，最重要的是我們必須不斷堅持樹立創新和發展理念。「理念是行動的先導，一定的發展實踐都是由一定的發展理念來引領的。發展理念是否對頭，從根本上決定着發展成效乃至成敗。」(4)對於這一個問題，習近平一再強調中國必須選擇牢固樹立以下五種理念，即：「創新、協調、綠色、開放、共

享」。不過，對這五種發展理念來說，我認為創新的理念最為重要。因為從中國的角度來看，「創新注重的是解決發展動力問題，在國際發展競爭日趨激烈和我國發展動力轉換的形勢下，只有把發展基點放在創新上，形成促進新的體制架構，才能塑造更多依靠創新驅動、更多發揮先發優勢的引領型發展。」[4]

同一道理也可被引伸至AI的發展範疇。只要我們永遠保持領先機器人的發展優勢，我們人類是無須恐懼人工智能超越人類智能的。老實說任何人工智能的東西都需要給以「賦能」（即某種原動力或能力源：empowerment）才能動起來。人類只要能控制住「賦能」的控制權，就什麼也不需要怕。但怎樣控制？則需要人類不斷創新和理性地作出選擇和抉擇。

如McAfee和Brynjolfsson所說：「我們想說服你，現今科技的進步是如此迅猛，所有企業都必須重新思考和作出抉擇怎樣來平衡人腦（minds）和機器（machines）；產品（products）和平臺（platforms）；生產的基本要素（core）和怎樣利用好群組（crowd）的影響力。」[5]

如要保證人類不會被機器人所代替，除了要堅持不斷創新之外，更重要的是要在教育方面作出相應的改革，訓練學生掌握和提高精密分析和邏輯思考的能力，加強學生創造創新性思維和解決實際問題的能力，而更重要的是要教育學生怎樣去管理和管控機器人；對人工智能所提供的訊息怎樣有效地作出選擇和抉擇，以滿足工作的實際需要和決策等。在這方面我很贊同李開復和王詠剛在他們所著的《人工智能來了》一書中的一些建議。他們認為，在人工智能時代最核心、最有效的學習方法應包括：

「（1）敢於挑戰自己，敢於面對有趣、有難度的問

題，主動接受一切挑戰，在挑戰中完善自我；

（2）邊做邊學：面對實際問題和綜合性的複雜問題，將基礎學習和應用實踐充分結合；

（3）關注啟發式教育，培養創造力和獨立解決問題能力；

（4）主動向機器人學習——在未來的人機協作時代，人所擅長的和機器所擅長的，必將有很大的不同。人可以拜機器為師，從人工智能的運算中，汲取有助於改進人類思維方法的模型、思路、甚至基本邏輯；

（5）既學習『人—人』協作，也學習『人—機』協作。未來的『溝通』能力，將不只限於人與人之間的溝通，人機之間的溝通將成為重要的學習方法和學習目標。」[3]（注：上面加進了一些我的理解）

小結

作為小結，我同意李開復的看法，他說：

「在人工智能時代，程式化的、重複性的，僅靠記憶與練習就可以掌握的技能，將是最沒有價值的技能，幾乎一定可以由機器完成。反之，那些最能體現人的綜合素質的技能，人對藝術和文化的審美能力和創造性思維，人由生活經驗及文化薰陶所產生的直覺和常識，還有基於人自身的情感（如愛、恨、熱情、冷

漠等）與他人互動的能力....，這些是人工智能時代最有價值、最值得培養與學習的技能。而且，在這些技能中，大多數都是因人而異。」[3]

這顯然需要教育家、教師和學生作出不斷的選擇和抉擇（過程可能會頗漫長），才能有效地去達到教與學及在人工智能時代怎樣育人的目的。

假如從更宏觀的角度來看這一個問題，我認為未來的教育目的和方法必須包涵以下幾個主要方面的元素：（1）知識和技術的傳授；（2）啟發式的教與學；（3）夯實學生創新思維的能力；（4）讓學生掌握好怎樣面對困難和解決問題的能力；（5）懂得怎樣與人溝通及和睦相處；（6）懂得怎樣尊重自然、保護環境和能與智能型機器人等互動、融合；（7）提供條件和機會讓學生盡情發揮自身多樣的潛能、興趣和愛好；（8）身心方面要讓學生能夠平衡和多元地得到發展；（9）道德教育要有重點：突出禮貌、誠信、擔當、包容、感恩、奉獻；屬於全世界、全人類的；文明的，科學的，人文的，各種思想理念。而最後，最重要是必須要讓學生充份及理性地知道，怎樣去配合、促進、和維護好構建各種人類命運共同體所需的以及能推動人類命運進化的元素；因為只有這樣，人類的生存和繁衍才能得到保障、持續、有目的和具意義。

師生互動：Q&A

① 馬雲認為：「機器會變得愈來愈強大，機器會比人類更精於運算，但機器永遠不會像人類那樣有智慧」。您同意這一觀點嗎？請說明理由。

② 李開復說：「在可預見的近未來，我們實在看不到電腦有接近或超越人類藝術家的可能性」。同意嗎？舉例說明。

③ 人工智能在未來能創造更多新的工作，還是製造更多失業者？您支持哪一種觀點？理由？

④ 「AI+」或「+AI」的發展模式有分別嗎？您支持哪一種？理由？

⑤ 未來的移動互聯網與AI的關係是會怎樣結合？舉例說明。

⑥ AI既然可以在許多工作中取代人類，那麼人的價值又該如何體現？作出怎樣的選擇才能使自身的發展更有意義？

⑦ 用圖表的方式，把本章的主旨及相互關係表示出來。

⑧ 用四張PPT把本章內容扼要但全面地表達出來。

參考

① 《智能革命─迎接AI時代的社會、經濟與文化革命》，李彥宏等著，2017，天下文化，第31，32頁。

② 《智能時代─大數據與智能革命重新定義未來》，吳軍著，2016，中信出版集團股份有限公司出版，第355頁。

③ 《人工智能來了》，李開複，王詠剛著，2017年，天下文化，第285，351，352頁。

④ 《習近平總書記系列重要講話讀本》（2016年版），中共中央宣傳部，學習出版社、人民出版社，第127，131頁。

⑤ McAfee A.，Brynjolfsson E.，Machine Platform and Crowd，2017，Norton，第15頁。

←——— 第8章 倫理道德與選擇和抉擇的關係 ———

（一）倫理道德作為人類的一種行為準則和規矩

從生物的演化角度，我們知道人類是一種屬於群居社會性的動物物種。由於群居，因此人類演化出了許多「規矩」，使群落中的每一個成員都能遵守以達致和平相處、相互依賴、生存和繁衍下去的可能。假如這些群居的規矩得不到遵守或不存在或一旦消失，那麼這種群居的社會行為和凝聚力，就會難以維持和繼續下去。換言之，一個群體能否可以得到維持、凝聚和繼續生存延續下去，各種群體自身建立的規矩能否得到群體成員的長期遵守和有效維護是一個頗重要的關鍵。但可惜的是在群居的情況下，就算建立了很多規矩，由於人的「本性」（human nature）使然（注：部份原因是由於「人性」還受着屬於人類自身的「獸性或動物性」的部份的影響使然），成員之間經常會產生許多矛盾、爭執和爭鬥（大規模群體內的鬥爭，還會導致群體分裂和戰爭）。一些群居社會所建立的規矩，因此會經常性的受到挑戰，而不斷需選擇性的（屬主動和被動性的選擇應都有）作出大小不一的各種改變和改革。人類作為一種群居社會性的動物物種，在這方面所呈現出來的問題尤為複雜。因為人類作為最高等的動物，大腦非常發達：能思想、擁有各種複雜的情感、慾望、性格、疑慮和個性等。在一個群體內，有些強

勢的個人（或一小撮人）的情感、訴求、貪念、慾望等，如果得不到滿足或想強加於別人時，那麼各種形式的壓迫、欺凌、剝削及具暴力和侵略性的不道德、不公平行為，以及你死我活的殘酷鬥爭和殺戮情況便會出現，使群落之內以及之間動亂不停，戰爭頻生。而這種情況的出現，部份原因是由於「人性」還受着屬於人類自身的「獸性或動物性」的劣根性或醜惡性部份的影響所致。所以人類完全沒有必要把自己看得太神聖，太偉大；因為我們人類的行為還無法擺脫這種經常性地會左右我們人類的自身的「獸性或動物性」的劣根性或醜惡性部分的浮現和表達，而這些人類自身的「獸性或動物性」的劣根性或醜惡性部分的存在，對人類的生存和人類命運的進化，總的來說是有害的。

　　但可悲的是人類命運的演進史，長期就是在這樣一個頗為動盪的群落社會性的組織架構的範圍內不斷演化和發展。不過，像許多其他動物群落一樣，雖然內部會經常（frequently）出現相互爭鬥、排斥，但在經過一段相互爭鬥的時間之後，又會回歸到和平相處得很好的和睦局面。因此可以這樣看，人類群落社會是生活和生存在一種相對來說不很穩定（unstable）、具動態（dynamic and fluid）以及不斷起變化和改革（evolve and change）的環境情況之下。但另一方面，人類群落社會又能常態地像許多生物群落一樣「自動重新調整」（rejuvenate and regenerate），形成一種長生不息或輪回性的生態演化格局。其因由和

過程一般都相當複雜（complex），這裏就不一一細説了。由於每一個群落久而久之，逐漸又會相當穩定和固化起來，形成一種屬於自身的獨特的常態性群落社會「文化」和「傳統」。因此就會有不同的人類群落文化的出現並可以長期地被固化。而不同的相對又頗固定化的人類群落的文化傳統之間，又會經常產生各種矛盾、衝突和鬥爭。由於人類群落的內部以及群落與群落之間經常會產生衝突，因此每一個群落內，自然而然地會產生和湧現出一小撮的「強人」來領導和統治群落內的其他成員的這樣一種格局。而群落的統治者和被統治者內部，經常也會出現矛盾、衝突、爭權奪利的爭鬥。而群落與群落之間，群落與群落的統治者之間，也經常會產生矛盾和衝突【譬如為了爭地盤、水源、利益等，一句話：為了生存（survival）】，因此群落與群落之間也經常會出現大小規模不一的鬥爭和戰爭。

為了避免各種類型的鬥爭和戰爭的出現，群落的統治者發明了許多維護群落的規矩（上面已經提過）。逐漸人類把這些規矩有的予以固化（並不斷作出修改和完善）形成法律，有些則形成各種不同的倫理道德規範，來約束和有效管控群落之內和群落之間，在管理上（為了生存）出現的各種矛盾、不協調、棘手問題和爭端。有些比較清晰和易予執行的規矩，就會很容易被群落中的大多數成員接受，從而化解了各種內部矛盾和衝突的形成和出現；但有些規矩則無法得到群落的成員共識或

被大多數成員接受，那麼這些問題就會長期無法得到解決及不斷引起爭議、矛盾、衝突和連綿不斷的鬥爭和戰爭。這一長期存在人類社會演化歷史過程中的現象，可以說是一種直至如今人類都無法擺脫和解決的社會常態性的困局（permanent feature that cannot easily be got rid of or resolved）。

不過話得說回來，在漫長的人類歷史發展過程中，總的來說，有些問題雖棘手，但還是可以得到共識，例如：謀殺大家都同意是一種罪行，無論從法律或倫理道德的角度，都是一種不能接受的罪行。但可惜的是，其他有許多存有灰色地帶的問題，並不那麼容易就可以得到共識。譬如：戰爭是否一種罪行？有些人認為正義的戰爭不是罪行，是可

以接受的行為。不過侵略性的戰爭就不能接受。但問題是，什麼樣的戰爭才可以算是「正義」之戰？什麼樣的戰爭算是侵略戰爭？像這樣的問題就難以作出很清晰明確的答案了。可悲的是，人類往往要在這種模糊不清的情況下作出選擇和抉擇：要戰爭還是要和平？類似這種非常複雜和很難解決的影響人類命運的重要倫理道德問題，我相信只有等到人類同意選擇要大家共同一齊去建立一個和而不同的人類命運共同體，並意識到這一抉擇的重要性之時，才能真正得到妥善解決。

但現今有一點是明確的，如美國這樣一個超級大國，就不願意認同人類需要建立人類命運共同體的重要性和緊迫性，而是選擇用自私自利的倫理道德觀和價值觀來反對中國所倡議的，要共同建立人類命運共同體（A Community of Shared Future for Mankind）這樣一個利於人類和平共處的倫理道德觀和普世價值觀。不但如此，美國還背道而馳，想方設法選擇採用各種戰略圍堵和包圍中國的方式（包括利用各種明和暗的經濟、政治和軍事手段），把中國看成是他的頭號敵人，來壓制和阻止中國的崛起以及和平統一臺灣。美國選擇這樣的做法是完全錯誤的，因為他違反了「國家自主」和「自由發展」的國際認可和能有效維護人類文明發展的倫理道德觀和規矩。美國這樣做，事實上是在奉行一種自以為是的霸權主義（self-centered hegemony）的倫理道德觀，因為美國自從二次世界大戰之後，只懂得怎樣去一霸天下；因此，美國完全不

能接受和容忍任何其他國家的政治、經濟和社會制度超越他。現今美國選擇只願意遵守和踐行美國的單邊主義和獨裁、專橫式的意識形態和制度；只承認「美國第一」、「我永遠是對的」、「我說了算」的自私利己的高壓尚武的「民主獨裁」（democratic dictatorship）主義【注：所謂「民主獨裁」（democratic dictatorship）制度，指的是通過一人一票選舉產生的獨裁統治者或政黨。最為典型的例子，就是德國的希特拉及其納粹政黨。而現今日本和西方許多國家的右傾政黨（right-wing political parties），也正在朝着這一方向發展！】和帝國主義的做法，拋棄和踐踏了最基本的公平正義的人權觀的倫理道德底線，如：人民、民族、國家要生存及和平相處；人人都應活得要有尊嚴、平等、幸福等。

　　大家可以清楚看到美國特朗普總統，現今想做的只是不斷要為美國攫取最大利益【包括他個人和他的政黨（共和黨）的政治私利】，所以他極力反對和阻止全球經濟貿易自由化的進程和發展以及政治多元化的趨勢。美國特朗普總統的這種做法，很明顯的是一種披着民主自由外衣的具獨裁性質的行為。美國讓特朗普總統這樣做的結果，將會導致美國難以和其他的國家的發展協調起來，使美國與其他國家的分歧和矛盾只會越來越大，並造成不斷的、持久性的衝突，從而大大增加了引發區域性戰爭爆發的機會和頻率。

　　而中國則相反，只選擇「要向世人證明，社會主義社會是以社會為

本位的社會，是以人為本的社會，社會主義社會既能推動中國走向更高形式的現代化，又能有效克服資本主義社會以資本為本位，整個社會被物質異化的通病。」(1)中國選擇和依循的治國倫理道德觀和原則，是非常清晰的：

中國「尊重各國人民自主選擇發展道路的權利，維護國際公義，反對把自己的意志加於人，反對干涉別國內政，反對以強凌弱。中國決不會以犧牲別國利益為代價來發展自己，也決不放棄自己的正當利益。任何人不要幻想讓中國吞下損害自身利益的苦果。中國奉行防禦性的國防政策。中國發展不對任何國家構成威脅。中國無論發展到什麼程度，永遠不稱霸，永遠不搞擴張。」(2)

「面對世界多極化、經濟全球化深入發展和文化多樣化、社會信息化持續推進，今天的人模擬以往任何時候都更有條件朝和平與發展的目標邁進」。(3)

「和平、發展、合作、共贏、共享」的時代潮流這種普世的倫理道德觀和價值觀已不能逆轉」。

「和平、發展、進步的陽光足以穿透戰爭、貧窮、落後的陰霾，經濟全球化，社會信息化極大解放和發展了社會生產力，創造了前所末有的發展機遇；同時，恐怖主義、金融動盪，環境危機等問題愈加突出，給我們帶來前所未有的挑戰。面對全球性挑戰，沒有哪個國家可以置身

其外、獨善其身,世界各國需要以負責任的精神同舟共濟、協調行動。人類生活在同一個地球村,各國相互聯繫、相互依存、相互合作、相互促進的程度空前加深,國際社會日益成為你中有我,我中有你的命運共同體。打造人類命運共同體,要建立平等、互商互諒的夥伴關係,營造公道正義、共建共享的安全格局,謀求開放創新、包容互惠的發展前景、促進和而不同、兼收並蓄的文明交流,構築尊崇自然、綠色發展的生態體系。世界各國一律平等,不能以大壓小、以強凌弱以富欺貧;要堅持多邊主義,建設全球夥伴關係,走出一條『對話而不對抗、結伴而不結盟』的國與國交往新路。要樹立共同、綜合、合作、可持續安全的新觀念,充分發揮聯合國及其安理會的核心作用,堅持通過對話協商和平解決分歧爭端。推進各國經濟全方位互聯互通和良性互動,完善全球經濟金融治理,減少全球發展不平等、不平衡現象,使各國人民公平享有世界經濟增長帶來的利益。促進不同文明、不同文化模式交流對話,在競爭比較中取長補短,在交流互鑒中共同發展。解決好工業文明帶來的矛盾,以人與自然和諧相處為目標,實現世界的可持續發展和人的全面發展,創造一個各盡所能、合作共贏、奉行法治、公平正義、包容互鑒、共同發展的未來。」(3)

習近平指出:「世界命運握在各國人民手中,人類前途繫於各國人民的抉擇。中國人民願同各國人民一道,推動人類命運共同體建設,共同創造人類的美好未來!」(2)

（二）生物科技與倫理道德

現在讓我們看一下有關現今社會上爭論得比較多和熱烈的生物科技與倫理道德的問題。使人感覺到迷惑和難以理解的是，近幾十年來由於生物科技的突飛猛進，在倫理方面針對幹細胞研究、無性複製和基因工程等引發了一番很大的爭論。哈佛大學很有名望的邁可·桑德爾（Michael J. Sandel）教授，為此更專門開了一門課程，名為《道德、生物技術與人性的未來》，就倫理學與生物技術方面的問題與學生作廣泛的討論。他更為此，編寫了一本書，名為《反對完善──科技與人性的正義之戰》[4] *The Case against Perfection──Ethics in the Age of Genetic Engineering*。有興趣的讀者可以細讀一下他書中所提出的各種正反論點，我在這裏就不展開討論了。

不過對於這一個問題，作為一位生物學家，我的看法很簡單，無論是幹細胞繁殖、無性複製、人工胚胎的製造和各種類型的基因工程，我們的選擇和目的只能有一個：就是只允許（同時必須通過法律的程序）用這些技術來醫治人類有關的疾病。只有這樣做，才是最道德和我們需遵循的倫理標準。任何用以上技術來進行所謂「優生」的做法，都是不能接受的。因為優生學假如能夠得逞，就違反了「自然人的生存和繁衍權利」，而這一自然人的生存和繁衍權利，從人類自然進化的角度來看，我深信只有自然結合的男女才有的選擇和抉擇權；任何其他人都沒

有這一「自然界經過長期的進化過程賦予人類的選擇和抉擇人類生存和繁衍的權利」。換言之，一般其他人（如醫生）只擁有當某種缺陷如病變出現時（在法律允許的情況下），補救人的生命的遺傳缺陷和病變的權利。也就是說，任何人（包括醫生）都無選擇和抉擇全人類的所有生命應如何延續和繁衍的權利。我們人類只有堅守這一大原則，才能避免走上人類自我滅絕之路。因為任何過度干預（over interfere）人的自然身體組織結構的相對穩定和平衡（stable and balanced），都會引發不可預測的及不可逆轉的壞的結果和自然對人類的懲罰的。現在我們人類需要做的是，一定要盡速建立一套法律及倫理道德標準和人類命運演進的共識，去有效規範這方面的發展和選擇；這需要大家共同去努力。

（三）公平正義做法的選擇

1.對公平正義的認知

美國哈佛大學知名教授，邁可·桑德爾除了關心生物科技對倫理道德的衝擊和影響之外，他更關注的是有關公平正義的問題。在哈佛他長期開了一門有關公平正義的課，很受學生歡迎。之後，這一門固定的課程，變成了一門公開課，並出版了書和影碟，名為：《Justice──What's the Right Thing to Do？》。臺灣譯者，樂為良把書名譯成：《正義：一場思辨之旅》[5]。我傾向把書名譯作為：《在公平正義面前怎樣作出選擇？》可能更為貼切一些。

有關邁可.桑德爾對正義的分析和論點大家值得拿他的書來一讀。這裡我引述他個人的正義主張作為引子，説一下我對這一個問題的主張和看法。邁可· 桑德爾説：

「思索之旅進行到此，本書已經探討過通往正義的三條道路。一條是功利或福祉的最大化，也就是最多數人的最大幸福。第二條是尊重自由選擇，也許是自由市場上的實際選擇（自由至上），也許是初始平等地位的假想選擇（顧及平等的自由主義）。第三條是培養美德和思辨共善。你大概已經猜到了，我本人偏愛的是第三條。讓我來解釋看看為什麼。(5) 功利主義有兩大缺陷：一、它把正義和權利變成算計問題，而不是原則問題。二、他把人事所有產耗代謝都換算成單一度量衡，把一切價值來個大鍋煮，不考慮其中的性質差異。建立在自由上面的正義論雖有解決第一個問題，卻沒有解決第二個問題。這一派把權利看得很認真，堅信正義不僅是算計。哪些權利應該大於功利考慮，這些學者雖然眾説紛紜，卻都同意有些權利是太基本，必須受到尊重。但是，挑出予以尊重的權利之後，他們對各種偏好就全盤接受了。他們不認為我們需要質疑公民帶進公共領域的個人喜惡。根據這種正義，目標的道德價值、人生的宗旨意義、社群生活的性質品格，都無涉正義。我個人認為

這是錯的。只靠功利最大化或保障選擇自由，並不足以邁向正

義社會。要邁向正義社會，大家必須一起理性思辨良善人生之

真諦，一起思辨總難免產生歧見，所以也必須打造出一種善待

歧見的公共文化。」 (5)

在這裏我不想就邁可.桑德爾的選擇作出深入的討論。我只想指

出，我同意「要邁向正義社會大家必須一起理性思辨良善人生之真諦，

一起思辨總難免產生歧見，所以也必須打造出一種善待歧見的公共文

化。」 (5) 我認為，人類對怎樣才能達致正義社會以及怎樣全面掌握「良

善社會的真諦」必須通過實踐，在實踐過程中不斷作出一系列不同的選

擇和抉擇，然後再通過深度認知，從中尋找出各種有用的經驗（包括成

功和失敗的實踐經驗）來構建較為完備和科學規範完善以及運行有效的

制度或體系（如政治、經濟、社會等體系）。一旦有了可供實際選擇的

制度或體系，就會比較容易達到共識，並作出抉擇。當然，最終假如不

幸無法達致共識而出現歧見或分歧的話，那麼應讓歧見常態化地存在下

去，而這種情況的出現，人類必須接受（或容忍）；但在接受這種情況

的同時，如邁可.桑德爾所說，人類還「必須打造出一種善待歧見的公共

文化」，使人類可以繼續和平共處地生存和發展下去。有分歧或岐見並

不可怕，可怕的是讓極端份子把分歧引導人類走上戰爭和滅亡之路!而現

今中國所倡導的希望人類共同來推動構建人類命運共同體的建議，就是

要來妥善解決國與國之間的分歧的最佳和最為理想的辦法（至今為止人類似乎還未能想出比這更好的辦法！），因為只有具體去實現這一辦法，才可以讓人類所創造的多元文化和文明能夠持續發展下去。

此外，我還想指出，邁可.桑德爾強調：

「要邁向正義社會，大家必須一起理性思辨良善人生之真諦，一起思辨總難免產生歧見，所以也必須打造出一種善待歧見的公共文化。」

(5) 但這只看到問題的一個方面。因為假如我們從人類命運進化的更為全面的角度來看，善待歧見的另一面好處是歧見或分歧的出現可以為人類提供更多元（more diverse and pluralistic）的文化和文明的基質和元素。因為只要歧見出現的土壤存在（如同生物多樣性（biodiversity）的存在的重要性一樣）就能大大的增強人類的適應能力（adaptability）、選擇幅度、想像力以及進化力度。而這些元素對人類能在這地球上生存和繁衍是重要和關鍵的。因為一個無分歧的人類社會（或封閉和不開放的人類社會），就會出現各種不健康或變態的近親繁殖的弊端以及如邁可.桑德爾所說的形成思想封閉（self enclosed traditons of thought）（《Encountering China》, M.J. Sandel & P.J. D'Ambrosio（Ed.）, 2018, Harvard University Press, Page 276）和思想枯萎（wilt）的情況的出現；而這對人類命運的演進無任何好處。

2.人權問題

人人都說要捍衛人權。但到底什麼是人權呢？在這裡我試圖扼要地把西方一些對人權的不同看法、觀點和依據列出和解釋一下。

「（i）人權是上帝賦予的。

（ii）人權是要維護達致最大功利──尊重人權不是為了尊重本身的價值，而是為了大家好，即達致功利最大化。

（iii）人權就是要體現個人自由至上主義。

（iv）人權是為了維護人的人格尊嚴。」

上面第（i）條：人權是上帝賦予的。假如我們不相信神存在的話，那麼這一條就毫無意義，也無需解釋了。

第（ii）條：維護人權的目的當然就是為了把人權當作造福他人的最主要目的之一；不然，維護人權就失去原動力和喪失了維護人類生存和人類命運的演進的其中一個重要手段和目的。

第（iii）條：自由主義者認為，「我命我力我身皆歸我有，而且只歸我一個人所有，其處置不應看社會整體高興。」[5] 這一觀點把人權當作為一種維護個人主義的擋箭牌，是一種自私自利無法被社會大眾接受的唯心個人主義思想和一種形而上學的產物。人類生存在群落的環境狀況下，個人在群落中是其中一份子，個人對整個群落的持續存在和發展當然是有義務予以維護的。要維護整個群落的持續存在和發展，理所當然就不能允許個人什麼都自說自話，而不顧及到整個群落其他人的

生死（除非此人是一個人活在孤島上！）如果是生活在一個群落內，必定要顧及和充分保障到群落賴以維繫的包容（inclusiveness）、融合（integration）的倫理道德和尊重別人的權利。

第（iv）條：這一條是伊曼紐‧康得（Immanuel Kant，1724-1804年）提出來的，他認為人權的「依據並不是人擁有自我，也不是天賜生命與自由。人有尊嚴，因為人是理性動物。」[5]

第（ii）（iii）（iv）所提出的觀點都有一定的道理，但可惜每一條的意思和涵蓋都比較狹隘和不夠全面。因為以上各條無論怎樣理解，都只能觸及到人權涵蓋的部份理由或因素（partial reason or factor）。這是因為，人權的覆蓋面實質上是非常寬廣和多元的。因為人權是一種受到多種因素合成的聯合體或概念（conglomerate）（不只局限在上面所說的功利、尊嚴、個人主義）；人權還包括保障世界能夠持久和平等因素，如：安全、普惠、開放、包容，清潔、美麗等。除這些之外，人權還包括人類命運的發展權。習近平指出：

「發展是人類社會的主題。聯合國『發展權利宣言』確認發展權利是一項不可剝奪的人權」。「中國堅持把人權的普遍性原則同本國實際相結合，堅持生存權和發展權是首要的基本人權。多年來，中國堅持以人民為中心的發展思想，把增進人民福祉、保障人民當家作主、促進人的全面發展作為發展的

出發點和落腳點。」⁽⁶⁾「中國堅持走符合本國國情的發展道路，始終把人民權利放在首位，不斷促進和保障人權。中國解決了13億人口的溫飽問題，讓7億多人口擺脫貧困，這是世界人權事業的重大貢獻。」⁽⁷⁾

但可惜的是，很多西方人士仍然喜歡選擇用狹隘的人權觀以及過份膨脹的「自我」中心論，來批評中國在人權方面所開創建立的要為絕大多數人謀利益，消滅剝削，消除兩極化（最終達到人類共同富裕），創新發展，協調發展；綠色發展，開放發展的多元人權思想。

此外，除以上所提到的人權不但是一種多元的思想體系，還是一種覆蓋面非常廣的思想體系，而更重要的是人權還是一種不斷地變化着（即能與時俱進：如其價值、覆蓋面和內涵）的思想體系，以及在不斷地創新着的思想認知體系。譬如，就拿尊重人的個人尊嚴來說。現今由於人的壽命已可以超出自然生物體本身能承受的年限，因此人類老齡化的問題便成了現今人類社會必須解決的問題。當老年人踏入終老的境況下，是要讓他痛苦的繼續生存下去，還是讓他有尊嚴地死去，便成了一個所有人權分子都必須面對的問題。這一問題從前人類不需要面對，是因為人類從來都沒有如現今般的長壽。換言之，可以這樣說，這是現今一個嶄新的怎樣維護人權的人士需要妥善解決的問題——我名其為「人的終老權」的問題。很明顯的，單單強調個人自由、功利等人權概念是根本無

法解決這些新的（以後還會不斷出現的，如：大數據、人工智能等）對以上人權概念具衝擊力和影響的問題的。

很高興見到《香港南華早報》2018.2.24的一則報導指出：美國Global Times把中國控制搶械的做法，看作為一種維護人權的做法，並呼籲美國要向中國學習。[8] 美國經常喜歡批評中國維護人權不力，而要棒打中國，美國應經常自己照照鏡子才對!

（四）小結

中國在發展過程中不斷的在完善和優化各種倫理道德的標準，但卻經常受到以美國為首的所謂西方民主國家，為了自私自利的目的，選擇用雙重的（double standard）倫理道德和各種偽善的行為標準來批評、辱罵和攻擊中國。對於西方國家這種虛偽和非常惡劣的做法我們一定得予以反對和駁斥。同時我們還要堅定我們自己的立場，弘揚我們所崇尚的和平共處倫理道德觀和原則立場，以及追求人類進化應要達致的理想境界，並為「希望保持自身獨力性的國家和民族提供了全新選擇，為解決人類問題貢獻了中國智慧和中國方案。」[2]

「中國立足自身國情和實踐，從中華文明中汲取智慧，博彩東西方各家之長，堅守但不僵化，借鑒但不照搬，在不斷探索中形成自己的發展道路。」[7]

中國在詮釋和貫徹落實人權方面，如形成自己的發展道路一樣，

有自己的看法和準則。而美國則陷入了《修昔底德（Thucydides）陷阱（trap）》的思維方式和低等動物才具有的「弱肉強食」（survival of the fittest）和熱衷於爭鬥（competitive）的生存觀和對抗性的世界觀（antagonistic world view），認為中國的崛起一定會威脅到美國的強權勢力和挑戰美國賴以生存的價值觀，如：西方式的人權觀。在人權方面，美國實在不應該把自己對人權的偏面認知和理解定為一尊和說成它是普世價值（universal value），更不應該把自己的這種不夠全面的（partial）認知和理解胡亂地強加於人。

再舉一個例子，譬如：就中國實行的多黨合作和政治協商制，也遭到美國（基於不同的倫理道德基礎，意識形態，世界觀，政治立場，法律制度，人權觀等）的反對。但中國實行的多黨合作和政治協商制，如習近平所說，是「中國共產黨，中國人民和各民主黨派，無黨派人士的偉大政治創造，是從中國土壤中生長出來的新型政黨制度。」(9)「他的優點是：（i）有效避免『代表少數』弊端，能夠真實，廣泛，持久代表和實現最廣大人民根本利益，全國各族各界根本利益，有效避免了舊式政黨制度代表少數人，少數利益集團的弊端。（ii）有效避免『缺乏監督』弊端，把各個政黨和無黨派人士緊密團結起來，為着共同目標而奮鬥，有效避免了一黨缺乏監督或者多黨輪流坐莊，惡性競爭的弊端。（iii）有效避免『社會撕裂』弊端。通過制度化，程式化，規範化的安排，集中各

種意見和建議，推動決策科學化民主化，有效避免了舊式政黨制度囿於黨派利益，階級利益，區域和集團利益施政導致社會撕裂的弊端。」[10] 在這裏更值得指出的是，中國在十三屆全國人大一次會議發佈會上，發言人張業遂表示，在政黨方面：「中國既不輸入外國模式，也不輸出中國模式，不會要求別國複製中國的做法。」[11] 這我認為才是最合乎人類選擇走向建立一種持久，進化，公平，正義，包容的政治倫理道德觀，人權觀和政黨觀。

在現今生物科技日新月異的時代，現存的許多法律和道德規範很明顯的已不能夠跟得上科技的發展速度，因此要妥善地去規範新科技及其所衍生出來的各種事物和問題並非一件容易的事。

「當我們遇上的高科技是足以改變我們百年遺傳物質的基因科技時，所引發的爭議與論戰就不是只從現今的狀況、科技的應用範圍、政府的規範、宗教與哲學、倫理道德等的角度來解決。於是常常產生各說各話而無法充分溝通的狀況，終致成為有心的政治人物誤導人民的工具，或無知的決策者禍延子孫的無心之過。」[3]

以上這段話值得大家牢記。特別是在需要作出有關抉擇時，應理智和理性地去思考和選擇。

師生互動：Q&A

① 人的生存權是最基本人權。（The right to life is the most funda-mental of human rights）同意嗎？請解釋。

② 習近平指出：「道路決定命運，找到一條正確道路是多麼不容易。」問：中華民族作為一個人類群落，是怎樣找到強盛（或強國）之路的？

③ 「一個人類群落歷史，不能任意選擇、不能否定，因為歷史是一個民族安身立命的基礎。」同意這一論斷嗎？請解釋。

④ 「生物科技」、「網絡空間」和「人工智能」都不是法外之地。同意嗎？請解釋。

⑤ 要提高中國的軟實力，一定要做到「形於中」而「發於外」。即首先把自身的文化建設搞好，才有實力去向外傳播。同意這一觀點嗎？請解釋。

⑥ 「能否構建具有強大感召力的核心價值觀，關係社會和諧穩定，關係國家長治久安。西方國家把他們演繹的『自由』『民主』『人權』等價值觀鼓吹為普世價值，在世界範圍內進行推銷。實際上，沒有抽象的一成不變的『絕對真理』，所有價值觀都有具體的社會政治內容，都會隨經濟條件變化而變化。」請展開討論。

⑦ 用圖表的方式把本章的主旨及他們之間的關係清楚表示出來。

⑧ 用八張PPT把本章的內容扼要但全面地表達出來。

參考

① 《廣角鏡》544期（2018/1/16-2018/2/15），第16頁。

② 《習近平在中國共產黨第十九次全國代表大會上的報告》，（2017年10月18日），人民出版社（單行本），第10，59，60頁。

③ 《習近平總書記系列重要講話讀本》，（2016年版），中共中央宣傳部、學習出版社、人民出版社，第76，260，265-266頁。

④ 邁可.桑德爾著，黃慧慧譯：《反對完善--科技與人性的正義之戰》（2016二版）五南出版，第19（導讀）頁。

⑤ 邁可.桑德爾著，樂為良譯：《正義：一場思辨之旅》，雅言文化出版，2009，第290頁。

⑥ 《習近平關於社會主義經濟建設論述摘編》，中共中央文獻研究室編，2017，中央文獻出版社，第14頁。

⑦ 《習近平主席在出席世界經濟論壇2017年年會和訪問聯合國日內瓦總部的演講》，人民出版社，2017年單行本，第11，32頁。

⑧ South China Morning Post，2018.2.24，page A5，"State media rap for US over guns and human rights"。

⑨ 2018年習近平在看望民主黨派無黨派僑聯界全國政協委員時的講話，2018年3月4日，《香港文匯報》。

⑩ 《香港文匯報》，2018年3月5日，A2頁。

⑪ 《澳門日報》，2018年3月5日。

第9章 尋找和選擇幸福生活之路

（一）正向心理學

1998年美國的心理學家，馬汀‧塞利格曼（Martin E.P. Seligman）教授（賓州大學心理學系系主任）創立了一門正向心理學（Positive Psychology，又被譯作「積極心理學」）的嶄新學科（discipline）。這一門新的心理學學科，不但得到心理學界人士的支持和推崇，而且還在美國哈佛大學和耶魯大學這樣的名校，開設了有關課程，並大受學生的歡迎。

那麼塞利格曼為什麼要建立這樣一門心理學學科呢？用他自己的話來說：

> 「我絕大部份的學術生命是花在改變心理學是個負向的、研究不幸事件對人生不可避免影響的學問，我也致力於正向心理學研究，人生不必是悲慘的、無能的概念。坦白說；一路以來做得很辛苦，談到憂鬱症、酗酒、精神分裂症、創傷以及其他構成傳統心理學上主要成份那把大傘下面各種精神痛苦，可以說是靈魂的折磨。當我們用盡全力去增加病人的幸福感時，傳統的心理學並沒有對我們這些治療師有什麼幫助。假如治療師有所改變的話，即是他的人格更傾向到憂鬱症那一端去了。」(1)

> 「在1998年，身為美國心理學會（American Psychological

Association）的主席，我鼓勵心理學應該朝新的目標前進，以彌補過去為人詬病的只談病態的、不正常的心理問題的這個缺陷。心理學應該探索是什麼使生命值得活下去，找出值得活下去的生命基本元素。瞭解幸福是什麼、構建一個值得活的生命，絕對跟瞭解悲傷是什麼、把人從無望的生活中解救出來的傳統心理學目標不一樣；也就是說，正向心理學的目標不是傳統心理學目標的反面。」[1]

現今，已有很多心理學研究人員和學者在努力把這一門可以使人快樂或體會到或怎樣去追求生活「真實的快樂」（Authentic Happiness）[2]的學科，使他更科學化和更具操作性（operational），例如怎樣可以更準確地來做各種有關的測試、量度以及當心理治療師在做治療時，能得到更為精準的效果等。正向心理學在初創的時候，塞利格曼認為，正向心理學的目的很簡單，就是怎樣可以「使人快樂」，並可很容易的把這個概念，當作為一種治療工具和手段來予以應用。

（二）真實的快樂

那麼什麼是「真實的快樂」？

現在先讓我們來瞭解一下，塞利格曼所指的「真實的快樂」是什麼？

塞利格曼在他的第一本書中，對「真實的快樂」（Authentic Happiness）作出了詳細的闡述和分析[2]。但之後，經過不斷的深入研究和探索，他

改變了他先前的看法，並對「正向心理學與使人快樂」這一概念，有了
新的領悟和理解。但在說明塞利格曼對正向心理學和使人快樂的概念的
看法的改變之前，讓我們先來瞭解一下他最初對快樂的看法。

　　**「當我着手寫《真實的快樂》(2) 時，我想把書名定為
『正向心理學』，但是出版社不肯，他們認為書名有『快樂』
二個字可以賣得比較好。在書名上，我跟編輯的爭執從來沒有
贏過，我發現自己為了書名的『快樂』而感到不快樂，我也討
厭真實（authentic）這個字，這個字跟已經被濫用的『自我』
（self）走得太近了，在一個自我膨脹的世界裡，到處都是自
我。這本書書名用快樂最大的問題是他削弱了我們選擇的意義。
對現代人來說，一聽到快樂這兩個字，他們腦海中浮現的就是心
情愉悅、喧鬧、狂歡派對，微笑的樣子。」(1)**

他還指出：

　　**「在歷史上，『快樂』並沒有跟享樂（hedonics）主義
走得很近，它跟美國《獨立宣言》的起草人傑佛遜（Thomas
Jefferson）所宣稱的『人們有追求快樂的權利』中的快樂差了
很遠，它甚至跟我心目中的正向心理學差得更遠。(1) 我心目中
的正向心理學是我們所選擇的本身。我最近在美國明尼亞波里
（Minneapolis）機場選擇背部按摩，因為他使我感到很舒服，**

我選擇按摩背，就是因為我想要，而不是它給了我生活比較多的意義或有其他什麼原因。我們常常選擇會使我們感到舒服、愉快的事，但很重要的一點是當我們做選擇時，並不是因為我們會感到怎樣，我昨晚選擇去聽我六歲孩子的鋼琴演奏會，並不是它會使我感覺很舒服，而是那是我做為父親的責任，而且它會帶給我生活的意義。」[1]

因此在《真實的快樂》一書中，馬汀.塞利格曼把快樂的理論分解成三個不同的元素：（i）正向的情緒（positive emotion）；（ii）全心投入（engagement）；（iii）意義（meaning）。而我個人的理解是，塞利格曼認為我們選擇快樂，其理由是我們要對以上三種元素本身作出選擇，從而使以上三種元素（或至少其中的一項元素）可以得到體現（realization）。而更重要的是，以上「每一個元素都比快樂定義得更好，也更可能被測量。」[1]

那麼讓我們先來看一下塞利格曼怎樣為這三個不同的快樂元素定義的呢？

「（i）第一個是正向的情緒，那就是我們的感覺、愉悅、高興、極樂、溫暖、舒服等等。能夠成功的引領到這種元素的生活，我稱之為『愉悅的生活』（pleasant life）。

（ii）第二個元素全心投入（engagement）和『福樂』

（"flow"又譯作為『心流』）有關。（注：指全心投入到進入一種忘我或癡迷的狀態或境界）。

（iii）第三個元素是意義。人類不可避免的需要生活的意義和目的。所謂有意義的生活包括歸屬感，去從事一件你認為比實際更高、更大的事」[1]（注：即如可以使你的生活更有意義的事）。

但我前面說過，塞利格曼現今已修正了上面所闡述的這一所謂的「真實的快樂」理論（Authentic Happiness Theory）。

「我以前一直認為正向心理學的主題就是快樂（Authentic Happiness），它的測量標準就是生活的滿足度，正向心理學的目標就是增加生活的滿意度。我現在認為正向心理學的主題是幸福（Well-Being），它測量的標準是生命的圓滿，正向心理學的目標是增進生命的圓滿。這個我稱之為『幸福理論』（Well-Being　Theory）的新理論和真實的快樂理論大不相同。」[1]

而這兩者的分別和不同點，下面我引用塞利格曼用圖表的方式予以表達清楚（見圖表9.1）。

（三）幸福理論

根據塞利格曼新的「幸福理論」，他指出

圖表9.1 「真實的快樂理論」與「幸福理論」的分別和不同點

真實的快樂理論	幸福理論
主題：快樂	主題：幸福
測量	測量
生活滿意度（life satisfaction）	正向情緒（positive emotion），全心投入（engagement），意義（meaning），正向人際關係（positive relationships）和成就（accomplishment）
目標	目標
增加生活滿意度（increase life satisfaction）	用增加正向情緒（positive emotion），全心投入（engagement），意義（meaning），正向人際關係（positive relationships），成就（accomplishment）來增進生命的圓滿（increase flourishing）

「幸福是一個概念（construct），而快樂是一個事實（thing）。一個『真實的東西』（real thing）是可以直接測量，可以被賦予『操作性定義』（operationalized）。也就是說，可以用一套特殊的測量來界定它。」(1)

不過，

「幸福就像天氣和自由一樣有其建構（structure），沒有一個單獨的測量可以涵蓋它的全體（define exhaustively），（操作性的學術用語就是詳盡定義），但是有多個元素可以幫忙解釋它，它每一個元素都可以被測量。」(1)

「真實的快樂理論跟亞里斯多德的一元論非常接近，因為快樂是用生活滿意度來界定的。而幸福有好幾個構成元素，是它遠離一元論的危險邊緣。主要是幸福理論有非強制性的選擇。它的五個元素構成人們為選擇而選擇的行為，而且每一個幸福元素必須符合三個特質：

（1）它必須對幸福的定義有貢獻。

（2）許多人會為這個元素本身而追求它，而不是為得到另一個元素而去追求它。

（3）它可以獨立於其他元素被界定和測量。

幸福理論有五個元素，每一個都有上述三個特質。這五個元

素是正向情緒（Positive Emotion）、全心投入（Engagement）、

正向人際關係（Positive Relationships）、意義（Meaning）

和成就（Accomplishment or Achievement）。」[1] **（注：可**

把這五個元素縮寫成 PERMA）

在這裡由於篇幅有限，不能就塞利格曼所宣導的這一個幸福理論詳盡的闡述，也無法就以上能夠貢獻或影響或促進或導致幸福的五個元素作出詳細的討論和分析其涵蓋面和所含意思等。在這裏我只想指出的是，塞利格曼所倡導的幸福理論及其相關（correlated）的五個元素，很明顯只適合用來分析和量度美國人民的幸福度（而在美國人之中，似乎也只能適合去量度美國人民中的某一個群體或階層），而不適用於（或不能把他們硬套）在其他的國家的人民身上。因為大家都知道，塞利格曼的幸福理論以及他所擬的與幸福相關的五個元素，是有一定的局限性的（即包含的元素還不夠多和全面）。並且他們還會受到各個國家的發展階段（包括政治、經濟、社會、文化，生活習慣、歷史背景等）的因素的影響而有所不同（即意思和意義等都不同）：包括世界觀、人生意義、美好生活的意義、生存意義、憂慮的問題、對戰爭及和平的看法、對貧富的看法等。也正由於這些原因，所以每年有調查機構所做的聯合國定在三月二十號，Day of Happiness發表的所謂國際「幸福指數」【注：在United Nations 'World Happiness Report' 內】就犯了這樣的毛病：即他

完全忽略了這些差異，而用一種相當主觀和籠統的所謂幸福的概念來作出量度；因此，其可信度是相當低的，並沒有太大的指導性意義和科學價值【注：而其所用的量度元素也不一樣，如包括：「個人收入」（a good income），「健康預期」（a healthy life expectancy），「社會支持」（good social support），「自由」（freedom），「信任」（trust），「寬容」（mood of generosity）】。同一道理，如果我們用塞利格曼的幸福理論和標準去治療其他民族或國家的人民，也同樣會得出無價值和無意義的數據和結論以及無效的治療的。當然，正向心理學現今還是一門相當年輕的學科和未成熟的科學，還需要通過各國的心理學研究人員、學者和心理治療師或諮詢師的不斷努力才能將其充實和完善起來。但從人類進化的角度來看，我認為正向心理學的發展，對推動人類努力的去發揮正能量和怎樣去尋找和選擇走幸福的道路，是會有很大幫助的。而更重要的是，由於我們每一個人都要通過無數次在這方面的選擇（即尋找和選擇走向幸福生活之路），所以就總的效果來說，這對促進人類持續進化、文明發展的進程和人類不斷繁衍的目的，是會帶來和積極作用的，而對推動人類命運的演進也會有正面的影響。

（四）小結

根據塞利格曼的分析：

「真實的快樂理論只有一個向度：它是有關感覺良好，他

認為我們選擇人生的方向是為了使我們的自我感覺良好達到最高點。幸福理論有五個支柱，這五個支柱的底下是我們的強項，在方法上和本質上都是多元的：正向情緒是主觀的變項，從你對你自己的想法和感覺去界定它；投入、意義、關係和成就有主觀的和客觀的成分，因為你可以認為你有投入、意義、好的人際關係和高成就，但是它可能是錯的，甚至是幻覺。但是幸福理論的好處是它不可能只存在你的大腦中，幸福是感覺良好，同時加上有意義，有好的人際關係和成就。我們選擇我們人生的路是要讓這五個元素都發展出來，得到它們全部的最高價值。」[1]

但我在文中已經指出，由於這五個元素的定義是受到不同國家的人民對他們會有不同的理解，而且也受制於許多內在和外在因素的影響而會起變化和形成相當複雜的差異，而有時這些差異還可能會頗巨大。因此，向不同的國家的人民用同樣的標準或定義去量度幸福，並無多大意義。我認為，不同的國家都應該自己去選擇和建立一套幸福（或幸福的獲得感）的標準和測量的方法；例如：特別在當要去選擇和制定適當的公共政策時。2018年3月7日在十三屆全國人大一次會議，習近平在參加廣東小組審議會議時説：「共產黨是為人民謀幸福的，人民群眾什麼方面感覺不幸福、不快樂、不滿意、我們就在哪方面下功夫，千方百計為群眾排憂解難。」我相信任何一個政黨如能做到這一點，一定會得到人

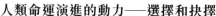

民擁護的。

選擇和建立一套幸福的標準和測量的方法，就算對同一個國家內的不同的人民群體，也應在設計幸福標準時要有一定的針對性。譬如對老年人來說，他們的幸福標準應是什麼？他們最關心的能否幸福和是否幸福，大概不會是塞利格曼所說的五個要素範圍內的事。據我瞭解他們最關心的可能是健康問題（health problem）、孤獨感（loneliness）、子女對他們的態度（their children's attitude towards them）、關懷、愛護和照顧（care and love）、怎樣有尊嚴地去面對死亡（how to peacefully,happily,honorably and respectfully face death）等。再舉一個例子，比如在大學我作為一位老師，經常見到有些學生，很缺乏學習的興趣和足夠的動機（或動力或勁頭）（interest and motivation）；像這樣的學生，我相信單靠用塞利格曼所說的五個要素來幫助學生解決問題和使他們積極起來，怕並不適合或會無效，而需要更為積極和具針對性的方法和措施，不過這些已有學者在探討[3][4]，這裡就不展開描述了。但總的來說，諸如此類的問題，我認為正是正向心理學還需要繼續有系統地去努力研究、分析和予以解決的問題和方向。而在中國也已有人開始在這方面努力着，譬如：由清華大學心理學系主任，彭凱平教授所領導的「幸福科技實驗室」正在做的有關工作。[5]

師生互動：Q&A

① 正向心理學的目標在使生命圓滿。同意嗎？請解釋。

② 「在真實的快樂理論中，正向心理學的目標是增加生活的快樂的指數；在幸福理論中，正向心理學的目標是增加生活中圓滿（總額）。」分析一下兩者的目的和目標上的差異。

③ 正向心理學能幫助解決學生的缺乏學習動機和興趣嗎？請展開討論。

④ 正向心理學可以被視作為一種主要用來提供一種「預防性」（preventive measures）的心理學，就像我們預防疾病一樣。換言之，它不適宜用來作「醫治」的工具或手段。展開討論。

⑤ 有人把正向心理學的特質分成為：正向情緒，投入，興趣，意義，目的；而把以下特質視作為額外特質，如自尊、樂觀、回強力（恢復力），生命力，自主權，正向人際關係，自我心理調節能力。同意這種分法嗎？請解釋。

⑥ 幸福可以被改變嗎？提出贊成和反對的理由。

⑦ 用圖表的方式，把本章的內容清楚表達出來。

⑧ 用五張PPT把本章的內容扼要和全面地顯示出來。

參考

① 《邁向圓滿》，馬汀.塞利格曼著，洪蘭譯；遠流出版公司，2012年，第25，40-42，57頁。

② 《真實的快樂》，馬汀.塞利格曼著，洪蘭譯：遠流出版社，2009年。

③ 《史丹佛大學心理學講義——人生順利的簡單法則》，凱莉.麥高尼格著，高宜汝譯，2017年，先覺出版。

④ Gregory,E.M. and Rutledge,P.B.〞Exploring Positive Psychology - The Science of Happiness and Well-Being〞, 2016, Greenwood.

⑤ 查詢有關網頁。

第10章
人類進化需面對的第三齡階段的各種選擇和抉擇

（一）第三齡時期

首先讓我來解釋一下「第三齡」這一概念。這是在國外社會工作專業很普遍在應用的一個概念（英文：Third Age）[1][2]，指的是怎樣讓已退休的人士（約從55－65歲左右開始）好好利用他們退下全職工作之後的時間，來做一些他們自己還可以不斷發展和發揮他們的才能、興趣和能量的工作，從而繼續享受人生和社會給他們帶來的福祉，使他們在第三齡階段的生活可以一樣充實、完美、和具意義，並享受一種所謂「活齡」或「積極老齡化」（Active Ageing）的樂趣，包括參與

「各類自務學習活動及課程，參與義工服務或再就業培訓，攜手建立強大支援網路，以積極正面態度面對心理、工作和社會上的變遷並有效適應退休後的生活，同時拓展社交範圍和提升生活質素」[3] 等。

為了方便描述、分析和理解，我把人類在第三齡時期或活齡或積極老齡化階段以及之後的生態，分成以下四個階段（見下表10.1）：

從表10.1我們可以清楚的看到，人類在第三齡時期，由於生命的生態在逐步起着不同的變化，因此政府和我們每一個個人都要與時俱進地作出適當的選擇和抉擇，來妥善和完滿地解決第三齡不同階段所帶來或引發的

表10.1：示人類「第三齡」時期 (或「活齡」或「積極老齡化」) 四個階段 [Four Phases of Active Aging of Humankind（<u>Homo</u> <u>sapiens</u>）during the Third Age （『第三齡』）] 的劃分

老齡化階段（Age Group）	活躍度比例（Active）	欠活躍度比例（Less Active or Non Active）	身體狀態（Physical Health Condition）	心理狀態（Mental Health Condition）
第一階段（Phase 1）：55 - 65 歲	超活躍期（Most Active Period）100%	0%	非常好（excellent）	非常好（excellent）
第二階段（Phase 2）：65 -75 歲	活躍期（Active Period）60 -70%	30-40%	好（good）	好（good）
第三階段（Phase 3）：75 -85 歲	緩慢期（Slow Down Period）30 - 40%	60-70%	轉差需扶持（Approaching downhill/Sunset trend）	轉差需扶持（Approaching downhill/Sunset trend）
第四階段（Phase 4）：85 -95 歲	被動期（Passive Period）10 - 20%	80-90%	半/全面援助（Partial/Full Assistance required）	半/全面援助（Partial/Full Assistance required）

各種問題和變化（注: 粗略估計第三齡這一段時間，平均老年人的活躍期約可長達30年）。

（二）面對老齡化

從人類進化的角度來看，在我們的醫療科技和生活環境條件，還沒有發展到如此高水平和現代化的時候，人類的生命週期（或壽命）一般可以活到65-70歲左右。但現今醫療科技愈來愈發達，人類的生活條件愈來愈優

越，據2017年發表的《中國健康事業的發展與人權進步》白皮書指出：

> 「中國人均預期壽命從1981年小於67.9年歲提高到2016年的76.5年歲。而在1949年新中國成立時，經濟社會發展水準相當落後，醫療衛生體系十分薄弱，全國人均預期壽命僅有35歲。」(4) ［注：現今中國人均壽命已超過八十多了。］

現在讓我們看一下粵港澳大灣區，廣東、澳門和香港在這方面的具體有關數字和情況：

> 「2017年廣東省社會科學院、廣東省省情調查研究中心聯合發佈的《廣東省人口與人力資源發展研究報告》顯示，2015年末，廣東省常住人口中，65歲及以上人口佔廣東省整體人口的8.48%，預計2020年這一比例將達到9.1%；香港政府統計處的數據顯示，截至2016年6月底香港65歲或以上長者佔整體人口比例高達16%，預計到2020年這一比例將達到18.5%；根據澳門統計暨普查局的數據，2016年澳門年齡在65歲及以上的老年人口佔整體人口比例為9.8%，預計到2021年這一比例將達到14%。」(4)

> 「人口老齡化不是粵港澳大灣區的個別現象，整個中國已於1999年進入老齡社會，65歲及以上的老人所佔比重目前已將近10%，根據2013年中國人類發展報告的預測，到2030年，中國65歲以上的人口佔全國總人口的比重將提高到18.2%。」(4)

「美國彭博新聞社網站2017年2月發表了該社今年的夕陽指數（Bloomberg Sunset Index），即世界各國老齡化程度指數排名。數據顯示，世界老齡化速度快於預期，勞動人口萎縮，老年人的比例愈來愈大。人口老齡化最嚴重的國家依次是法國、新加坡、俄羅斯、泰國以及中國。根據聯合國《世界人口展望：2017年修訂版》的資料顯示，2017年全球60歲以上人口約9.62億，佔全球人口13%，而且每年以3%左右的速度增長。」[4]

從以上的數字，可以看到老齡化的問題，不但是中國需要面對和解決的問題，而是一個世界性的問題。人口老齡化從人類社會的發展角度來看，是一個嶄新的問題，且將會為人類社會的存活、發展和演化帶來前所未有的挑戰和風險！人類要好好的生存和繁衍下去，就必須盡快解決好這一問題，別無其它選擇！

（三）怎樣解決老齡化問題

下面我舉幾個例子說明一下，一些國家和地區是怎樣面對和解決這一挑戰的。

先拿新加坡為例，其解決方法是發展和打造智慧園。所謂「智慧園」就是通過現代科技，來改善年長者的日常生活。那麼怎樣利用資訊科技來讓「獨居年長者生活更安全」？2017年新加坡總理，李顯龍曾舉例說：

「現在我們常常見到獨居的年老夫婦和單身老人，如何照顧這些獨居老人是很困難的問題。萬一他們在家裏跌倒或是身體不適起不了床，我們怎麼知道？怎麼搶救？要解決這個生活中的實際問題，科技可以派上用場了。我們可在年長者的住家安裝智能感測器。」

「你可以在門口和每個房間都安裝一個。他主要的功能是探測家裏的動靜，感測器會學習分辨年長者的日常生活規律。比方說，他通常幾點起床、準備早餐，過後幾點出門，用了午餐後幾點回家睡午覺等等。感測器探測不到這些日常生活的動靜，便會及時通知家人。這樣一來，家人可以及時反應，可以放心了。」(5)

2017年12月31日，香港勞工及福利局局長，羅致光在《紫荊》雜誌2018年1月號，發表了一篇短文指出：

「香港社會正面對未來的兩大挑戰，即人口急速高齡化，及隨之而來的勞動力人口下降，我們必須作出更好的規劃和準備。」(6)

為了妥善解決這一問題，他強調

「預防勝於治療的原則，並提升和推廣維持健康的措施，及早識別與介入等等，為長者帶來健康的晚年。政府委託安老事務委員會籌劃了《安老服務計劃方案》，當中指出在2016年有

逾6萬名長者需要接受資助長期護理服務。假如能在多方面工作改善長者健康，估計到2046年有關長期護理服務需求仍將增加超過一倍。在《安老計劃方案》提出的主要策略方針中，我們希望透過加強發展社區照顧服務，以期達到居家安老，和減少住院比率。事實上，絕大多數長者都希望在家中安享晚年，然而過往這方面的配套十分不足，因此今年施政報告除了提出一系列社區支援及照顧服務方面的新猷，更訂下社區安老零輪候時間的長遠目標，以彰顯我們的決心和作為對政府的鞭策。朝向這目標，其中兩個重要挑戰是增加用地和解決安老服務人手短缺的問題。我們必須以『千方百計』克服困難。我們計劃在《香港規劃標準與準則》內重新加入以人口為基礎的安老服務規劃比率，亦會多管齊下增加人手，包括提供額外資源予資助機構，改善前線人員待遇，改善護理員工的工作環境以加強他們的工作滿足感，成立10億元樂齡科技基金，鼓勵安老服務單位購置科技產品，減輕護理員的負擔和壓力等。」(6)

近年來，中國對解決老齡化的問題也開始積極起來。在十九大的報告中習近平指出：

「堅持在發展中保障和改善民生。增進民生的福祉是發展的根本目的。必須多謀民生之利、多解民生之憂，在發展

中補齊民生之短板。促進社會公平正義，在幼有所育、學有所教、勞有所得、病有所醫、老有所養、住有所居、老弱有所扶上不斷取得新進展。」[7]

「支援社會辦醫，發展健康產業。促進生育政策和相關經濟社會配套銜接，加強人口發展戰略研究。積極對人口老齡化，構建養老、孝老、敬老政策體系和社會環境，推進醫療結合，加快老齡事業和產業發展。」[7]

「在半殖民地半封建的舊中國，廣大民眾生活在水深火熱之中，衣不蔽體、食不裹腹，根本無社會保障可言，養老更是與社會無關的事情。新中國成立65年來（注：作者是從他著書的年份2014算起），社會養老保障從無到有、由小到大，又經過改革開放以來35年（注：作者從著書時的2014年算起）的不斷探索，已經建立起一定的體系和制度，正在逐步走向完善。」[8]但「目前我國人口老齡化態勢極為嚴峻，較之其他國家還面臨着一些更為複雜的問題，需要下大氣力進行應對。」[9]而根據張燕的估計最少有以下幾個方面的問題需要面對：「一是老年人絕對規模大，高齡、獨居空巢、失能半失能等弱勢老年人快速增加，養老照料需求巨大。二是人口老齡化發展速度快，增加了應對緊迫性。在發達國家，人口老齡化是一個平緩的過

程。我國受特殊計劃生育政策、生育意識下降等各種因素影響，人口老齡化速度變為加快。三是未富先老，應對老齡化的能力建設受到極大制約。四是城鄉發展不平衡，農村養老問題十分突出。五是家庭規模小型化，家庭養老功能弱化。」[9]

由於以上的問題，人口老齡化為中國政府帶來了許多難點和棘手問題。而這些問題所牽涉的範圍卻又相當廣泛，包括政治、經濟、文化和社會等多方面。例如，人口老齡化將會為：「（1）中國帶來整體社會生產和消費結構的變化；（2）勞動人口比重相對的數量和勞力的供給的變化；（3）調整醫療保障的需求壓力和重點的變化，而產生許多民生公平分配方面的困難；（4）科技創新雖然帶來許多多元（diverse）的正面促進作用，但也帶來具巔覆性的負面影響需要克服。」下面讓我扼要地解釋一下。

（1）人口老齡化對中國社會消費結構的影響

中國邁向老人化時代，老年人的消費支出用於醫療方面的幅度肯定會大幅度的上升。但另一方面，老年人在休閒、旅遊、老年服務等方面的消費也會大幅度地增加，這對拉動第三產業的發展有巨大的促進作用和增進第三產業對勞動力的需求，而這勢將逐漸改變第一、第二、第三產業對現今中國經濟社會發展的比例和趨勢以及大大的加快其調整的步伐。

（2）對勞動人口比例的影響

很明顯的由於中國將進入一個快速的老齡化階段，這對中國整體發展

所需要的勞動力人口會有一定的制約。但另一方面也必須看到，由於現代科技的高速發展，很多需要勞動力來完成的工作都可以由人工智能技術來代替或予以解決；因此，勞動力人口的老齡化，可能並不是一個大問題。而事實上，另一方面有可能還會加快人工智能在中國發展的步伐和促進中國許多企業被迫必須加快轉型，使中國的企業可以早進入工業發展更高的智能化階段。同時可以促使更多的智能企業的出現，為老年人提供更多優質的服務。

(3) 增加醫療保障壓力的問題

對於這一個問題，中國近年來：**「各項保險參保人數持續增長，基本養老保險參保人數超過9億人，基本醫療保險覆蓋人數超過13億人，全民醫保基本實現。」** [10]

不過，中國最終的目的是要做到全面建成一個多層次的社會保障體系，

> **「就是要在保障項目上，堅持以社會保險為主體；社會救助保底層，積極完善社會福利，慈善事業、優撫安置等制度；在組織方式上，堅持以政府為主體積極發揮市場作用，促進社會保險與補充保險、商業保險相銜接。要積極構建基本養老保險、職業（企業）年金與個人儲蓄性養老保險、商業保險相銜接的養老保險體系，協同推進基本醫療保險、大病保險、補充醫療保險、商業健康保險，在保基本基礎上滿足人民群眾多樣化多層次的保障需求。」** [10]

假如這一體系真的能夠成功的在中國建立起來，那將會大大減低老齡化為中國的社會和經濟發展帶來的巨大壓力。

（4） 對科技創新和中國人對家庭等方面帶來的正面和負面的影響

2018年春節期間，習近平在談家風時指出：**「不論時代發生多大變化，不論生活格局發生多大變化，我們都要重視家庭建設，注重家庭、注重家教、注重家風…使千千萬萬個家庭成為國家發展、民族進步、社會和諧的重要基點。」「重視家庭、強調家風，已經深刻地烙印在習近平治國理政思想中。」**

（人民日報用戶端2018-02-22）

從以上習近平的談話，我認為這基本反映了中國人對家庭的根深蒂固的傳統倫理道德觀；也由於這一個原因，所以居家養老便自然的成為大多數中國人民選擇的能維護家風和以家庭為中心的這樣一種養老方式。不過，對於這一個問題，在中國的社會工作專業界曾有過爭論：即在解決養老問題上，到底應選擇發展居家養老，還是應建設更多養老院或養老公寓等，來解決養老的問題。我認為對中國來說，這方面的選擇和抉擇很明顯，就是只能偏向于優先選擇建立和優化居家養老；可以這樣說，至少現今這可以被視作為中國人民的唯一選擇（包括香港和澳門的居民在內）。當然要發展居家養老，需要解決的問題很多，而最大的問題是：（i）安老服務人手短缺，和（ii）還沒有一個完整滿意的居家養老的智能化服務體

系。因此，這是現今中國政府（包括香港和澳門政府在內）需要積極面對和盡快解決的最緊迫的頭號民生問題之一。

我相信大家都會同意我以上這一觀點，即「在應對老齡化時，如何做到既能夠確保老年人生活幸福，又要保持經濟與社會發展活力，是未來我們必須解決的重大問題。」[9] 不過在這方面，還需要選擇怎樣處理這一問題的先後次序。對於這一個問題，我認為最急切和重要的是，一定要先解決好以下兩個方面的問題：（1）必須大力宣導和宣揚「積極老齡化」（Active Aging）的概念，促使老年人可以繼續參與經濟、文化和政治等方面的活動，讓老年人的人生可以有機會「再精彩一次」；（2）大力發展居家養老的支援力度、服務體系以及科技手段和措施。而更重要的是要發動民間組織和企業去積極提供各種老年人的服務。新加坡總理，李顯龍所指出的[5]，為居家老年人提供日常生活的專業護理機構，如「家恩」（Homage）等（注：這一機構利用網站和APP,為需要看護的年長者和提供這種服務的人配對起來等），中國應該大力提倡這類機構，讓他們可以在中國遍地開花。姑勿論市場能提供哪一類服務老年人的措施，在現今的信息和人工智能時代，大家都應該大力鼓勵市場發揮它的力量來支持和加快智能化養老的發展進程和全面的優質服務。在中國，智能化養老市場和養老智能化科技的不發達，已是制約我國養老服務以及老年智能服務產業發展滯後的最重要和關鍵因素。

小結

怎樣應對人類進入老齡化時代這一個問題？如何能確保老年人在退休之後可以繼續生活幸福和享受到充分照顧和尊重？怎樣使老齡化問題從一種單純社會福利要負擔和解決的問題，轉化為一種可以促使社會發展、科技進步、人工智能發達的創新引擎和驅動力，是我們未來和近期必須認真面對和解決的民生方面的重大問題。但在解決這些問題時，必須把有關的重點和解決問題的先後次序搞清楚和作出正確的選擇和抉擇。

現今在對待怎樣解決好老齡化的問題，以下兩個方面的政策和舉措我認為必須優先考慮並予以解決：

(I)　要在社會上積極宣導「積極老齡化」的好處和重要性

「在長期實踐的基礎上，國際社會於1999年達成了『積極老齡化』的共識，旨在延長老年人的健康壽命、幫助老年人獨立自主，使其積極參與經濟社會、文化和政治活動，力所能及地為國家、社區、家庭做出貢獻，實現『老有所為』。在我國『積極老齡化』不僅是針對老齡化的嚴峻形勢和積極採取的舉措，而隨着老年人受教育程度、經濟獨立性和自尊自立願望的不斷提高，也成為愈來愈多老年人所追求的目標。因此，應該完善應對老齡

化的工作方針，改變簡單將老年人擺在被動『接受』服務位置的思路，將老年人『自立自強』納入其中。」[9]

在這方面我敦促中國政府必須從理念上和實踐方面把它放在優先處理的位置。中國已進入老齡化時代，政府已無其他選擇，一定要盡力把這方面的工作做好，這是大局。並應鼓勵科技界的創新，朝這方面發展和傾斜。

(II) 必須大大加強對居家養老和社區養老的支持力度

「我國的現實情況和國外經驗都表明，居家養老和社區養老是養老服務體系的主體。」[9] 因此，我們別無選擇，必須優先予以發展並按照政府的「建設以居家為基礎、社區為依託、機構為補充的多層次養老服務體系。」[9]

而要打好這方面的基礎，關鍵是必須全面地利用現代信息技術、人工智能等手段來加快智能化養老的發展。而更重要的是要發動和開放養老服務市場，讓養老服務從福利範疇轉化出來，變成為一項重要的第三產業和推動社會經濟發展的新引擎來加以規劃、培育和發展。

師生互動：Q&A

① 怎樣應對人類進入老齡化時代這一個問題？您有什麼建議嗎？

② 有「第三齡」這一概念。猜想一下「第一齡」和「第二齡」應如何劃分？並提供解釋。

③ 設計一個類似「家恩」的網站。

④ 新加坡總理説：「On average,we live to 82 years and out of these 82 years in old age,we experience eight years of ill health.」這對處理養老問題會有什影響？請展開討論。

⑤ 居家養老之外，建議還有其他更好的辦法嗎？請舉例説明。

⑥ 人的「智能」（intelligence）可以用年齡來劃分嗎？請説明劃分原則。

⑦ 用圖表的方式，顯示本章的內容。

⑧ 用六張PPT扼要但全面的把本章內容表達出來。

參考

① 'Challenges of the Third Age：Meaning and Purpose in Later Life', By S.A.Bass（Editor）,Oxford University Press,N.Y., 2002。

② 'Gerontology in the Era of the Third Age：New Challenges and Opportunities', By S.R.Kunkel.。

③ 香港理工大學《活齡學院》網頁。

④ 《粵港澳大灣區發展旅居養老的思考》，楊菁，《澳門日報》，2018年2月21日，C6版。

⑤ National Day Rally 2017 Speech（Chinese）, Lee Hsien Long, 20.8.2017.

⑥ 《為高齡化做好長規劃》，羅致光，《紫荊》雜誌，2018年1月號。

⑦ 《中國共產黨第十九次全國代表大會檔案彙編》，人民出版社，2017，第19，39頁。

⑧ 《大國之路——21世紀中國人口與發展宏觀》，田雪原著，中國社會科學出版社，2016年，第111頁。

⑨ 《震撼世界的中國》，張燕主編，浙江人民出版社，2017年，第231頁。

⑩ 《黨的十九大報告輔導讀本》，人民出版社，2017年，第344-345頁。

第11章
一些所謂合法性 (legitimate) 選擇的結果及其影響

追溯歷史，我們可以看到許多重大的選擇的結果對人類的思維及實踐的長期影響，是頗值得研究和深入思考的，這裏舉幾個例子論述一下。

（一）

中國在帝皇統治的兩千多年的時間之內，構建了一個大一統的政治模式：　即任何人成了皇帝，不論他的出生是貴族抑或是平民；姑勿論是具有出生的優勢或依靠暴力或運氣，都會想方設法讓老百姓相信，他/她當上皇帝都是天注定的，因而創造了「天選」（注：引用郭建龍的説法）[1]的思想。故此，這一由天選出來的皇帝，人民當然不容推翻，也不容反抗，因為他是合法的統治者（legitimate ruler）。而這一觀念的產生看來是來自一套天人合一的理論。根據郭建龍的演譯，「這套理論認為，在宇宙之中只有唯一的真理，這個真理不僅對自然界是成立的，對人類世界也是最高理論。真理的源頭，來自一個叫天的實體，是天的意志創造了整個自然界和人類社會。人類活着的目的，就是要服從於天的意志。天的意志在人間的代表，就是皇帝。」[1]因此，皇帝是天選的，是天的決定，而不是人間的選擇，人民就算反對他，他仍然可以説是具有合法的基礎。但皇帝又是可以被替換的，而要替換皇帝當然也是天意，因此也是合法的。這一套天選的理論在中國，便成了真理的一部份，假如人類不相信或服從這一

真理，那就是自絕於宇宙。現今當然已無人相信這一套理論，人類也並沒有因為不相信這一套理論而自絕於宇宙，還是好好的繼續在這地球上生存着，並且不斷的在尋找及發現更多與宇宙有關的和比「天選」更為理性和科學的理論和真理，推動人類命運繼續向前發展和進化。

但遺憾的是在宗教界，這一套「天選」（更準確一點的來說應是「神選」）的理論，仍然被宗教界人士視作為永恒的真理；雖然無人能證明這一種真理的而且確是存在着的。譬如，天主教（還有許多其他的宗教）的教宗，到底是「人選」還是「神選」出來的？又有什麼辦法可以去證明呢？但無可置疑，天主教的教會只能讓它的教徒相信，教宗是由「神選」出來的，因為只有這樣才能建立起教宗的合法地位、權威以及讓教徒們信服。

可見人類選擇虛構的信仰是有其一定的道理，正如哈拉瑞[2]所指出的那樣，人類是很善於編造、構建和選擇虛構的故事來欺騙自己和別人的。而人類的這種能力和聰明（事實上是很大的弱點），對推動人類命運的進化，我認為是害多利少。這當然是很可悲的一件事，但可惜的是直至現今，人類似乎還無法解決這一個天大的難題!

在選擇政治領袖這一方面，利用「天」或「神」來選擇任何政治領袖，現今顯然已沒有市場，因為已無法服眾。但有些聰明人却想出了用一人一票的方法來選擇政治領袖來予以替代（substitute）。這一方法的好處

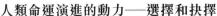
是，與利用「天」或「神」來選擇政治領袖，有同一樣的「無厘頭」和「羅生門」的效果或異曲同工之妙。那就是選擇錯了，是無人需要負責的。試問一下，我們有什麼辦法可以去責怪「天」或「神」或「選民」？德國人民選出了一個納粹狂人做領袖，我們可有辦法去責怪德國「選民」！？故此，像以上這些所謂合法性的選擇和政治操作，似乎都不能夠為人類帶來滿意和好的結果！構建在這種如此糊裏糊塗、不切實際和劣質（flimsy）的所謂合法性的政治體制之上的統治，事實上依靠的是人類的愚蠢（stupidity）。哈拉瑞認為人類快將變為「神人」；但人類卻如此的愚蠢，有這麼容易人類就能變為「神人」嗎？

　　還有，根據這種如此糊裏糊塗、不切實際和劣質的理論所建立起來的所謂合法性的政治體制──能推動人類命運朝着有實質意義的方向進化嗎？！能體現的到底是什麼真理？！試問這樣劣質的政治信仰體制，又能宣揚和提供給人類在法理上什麼和怎樣的合法（legitimate）和正義（just）立場呢？！我認為，我們無需化時間去尋求這些問題的答案，且讓我們把它當成為笑話來看就可以了。不過，可悲的是直至現今，還有許許多多的人仍在糊裏糊塗地為此而在互相殘殺（kill each other）及逆進化而行！嗚乎哀哉，人類啊，可憐的人類！

（二）

　　在上面所舉的幾個人類命運在進化過程中所構建或作出的有關選擇的

例子，其結果對推動人類命運的進化並沒有帶來任何好處，但其對人類的思想及實踐的長期影響，遺憾的是，卻非常深遠，因為仍然有人在堅持和相信這些歪論以及堅持和捍衛着這些錯誤的選擇。

下面我將舉一個對人類的思想及實踐不但有長期和深遠的影響，而且對推動人類命運的進化會帶來許多好處的有關「科技創新」的例子。

2018年11月5日習近平在首屆中國國際進口博覽會開幕式上的主旨演講中指出：「造福人類是科技創新最大的動力。在休戚與共的地球村，共享創新成果，是國際社會的一致呼聲和現實選擇。」(3)除此之外，習近平還強調指出：「各國應該『堅持開放融通，推展互利合作空間』『堅持創新引領，加快新舊動能轉換』『堅持包容普惠，推動各國共同發展』，目的就是希望各國都積極推動開放合作，推動建設開放型世界經濟，實現共同發展」(4)從而達到經濟全球化的目的。而這我認為才是造福人類的一種現實選擇和不能逆轉的好的人類進化路向和趨勢。

還有，當作出了以上選擇之後，從中國的角度來看，更是大大的好事，因為這倒逼中國必須「堅定不移奉行互利共贏的開放戰略，實行高水平的貿易和投資自由化便利化政策，推動形成海陸內外聯動、東西雙向互濟的開放格局」；這就可以更有效的去實現和讓世人知道為什麼「中國將始終是全球開放的重要推動者，中國將始終是世界經濟增長的穩定動力源，中國將始終是各國拓展商機的活力大市場，中國將始終是全球治理改

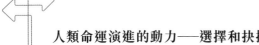

革的積極貢献者!」⁽³⁾而我認為從人類命運進化的角度來看,這是中國能夠協助推動人類繼續進步的唯一途徑和正確選擇,其合理性已無須置疑。而對現今的中國人來說,更是進入新時代中國的發展必須選擇和依循的唯一正確道路和模式。

(三)

再舉一個具體的例子來説明一下有關政治上的選擇和抉擇。有些政治上的選擇和抉擇,在初期看來,其所具備的合法性似乎並不明顯和牢固;但之後經過實踐的檢驗,很快便建立了其合法性的地位,那就是中國解決在香港和澳門恢復行使主權這一件事上。

中國在解決香港和澳門恢復行使主權時,選擇採用了「一國兩制」的辦法。這一辦法有許多在香港反對「一國兩制」的人批評説,這是一種缺泛合法性(lacks　legitimacy)的做法。的確,「一國兩制」的做法並無先例可循,因為它是新生事物。任何新生事物都需經過一段摸着石頭過河的階段,因此在這一初創階段爭論有關這一種做法的所謂政治上的合法性並無意義,重要的是要看其政治效果。其次,建立「一國兩制」,如同中華民族要實現偉大復興一樣,「必須與時俱進、不斷前進,也就是我們古人説的苟日新、日日新、又日新。」⁽⁵⁾但可惜的是總會有這樣的人,喜歡守殘抱缺,反對人類需要不斷的更新自己才能生存下去和生活得更好的事實和真理。而我認為如要人類生存下去和生活得更好,就必須如正向心

理學家（positive psychologists）所倡導的採取「成長型的心智和思維」（growth mindset）來看待問題和新生事物；而不要採取「固化型的心智和思維」（fixed mindset）來看待問題和新生事物；其次，也只有採取這種積極的心態，我們才不易墮入一種我命其為「不知所措」或「彷徨心理」的狀態和思維（confused mindset，即「彷徨型的心智和思維」）。換言之，只有採用「成長型的心智和思維」方式，我們才能解決「固化型的心智和思維」以及「彷徨型的心智和思維」所呈現的缺失和不足之處。也只有採用「成長型的心智和思維」方式，我們才能作出正確的選擇和抉擇；我們才可以更有信心地去面對挑戰、創新和更好地去迎接和適應新生事物的衝擊。

事實證明「一國兩制」非常成功。在「一國兩制」的制度下，港澳同胞為國家作出了非常重大的貢獻，其發揮的作用證明也是不可替代的。2018年11月12日，習近平在對「香港澳門各界慶祝國家改革開放40週年訪問團」的講話中指出：「國家改革開放的歷程就是香港、澳門同內地優勢互補，一起發展的歷程，是港澳同胞和祖國人民同心協力，一起打拚的歷程，也是香港、澳門日益融入國家發展大局、共享祖國繁榮富強偉大榮光的歷程。」[5] 在同一演講，習近平進一步指出：「我們要充分認識和準確把握香港、澳門在新時代國家改革開放中的定位，支持香港、澳門抓住機遇，培育新優勢，發揮新作用，實現新發展，作出新貢獻。」[5] 為

此，習近平提了四點希望：「一、更加積極主動助力國家全面開放；二、更加積極主動融入國家發展大局；三、更加積極主動參與國家治理實踐；四、更加積極主動促進國際人文交流。」(5)

　　以上有關中國選擇採用「一國兩制」的模式的例子，不但説明這是一個非常好的解決一些特定的政治問題的上佳模式，同時為推動構建人類命運共同體，增添了許多具價值的內容（譬如：怎樣有效地構建包容開放、互利共贏的國際關係；怎樣可以做到讓東西文明、多元文化共冶一爐；怎樣消除國際社會之間的誤會（例如對中國的誤會）；怎樣才能有效的促進民心相通，提升人類文明素質；怎樣解決好國家之間、民族之間、文化、社會制度之間的差異等問題），並起到了一種很好的示範作用和啟發效應。而在以上眾多的選項之中，我認為怎樣構建「包容開放、互利共贏」的國際關係最為重要。這一方面，2018年11月17日，習近平在出席APEC工商領導人峰會發表主旨演講時，清晰地提出和選擇了開放包容這五種導向：「一、堅持開放導向，拓展發展空間；二、堅持發展導向，增進人民福祉；三、堅持包容導向，促進交融互鑒；四、堅持創新導向，開闢增長源泉；五、堅持規則導向，完善全球治理。」(6) 我認為這五項主張，將是引領人類同舟共濟地去創造美好未來的正確選擇和導向；同時對繼續推進「一國兩制」的各方面的上升動力和更好地去發揮各方面的潛力，為國家做出更多的貢獻，是我們應該盡力去做的事情，也是我們完全可以做得到的事情。

（四）小結

　　人的一大弱點是害怕作出選擇或抉擇。而害怕的原因，是因為怕選擇或抉擇錯誤（事實上也經常會犯選擇或抉擇錯誤）；因此人類學會編造故事來自欺欺人（以求心安理得）。由於有這一大弱點，所以人類又經常會被一些壞人利用來達致其不可告人的目的，或給一些壞人利用來做許多危害人類進化和生存的壞事。這是人類可悲的一面。但歷來也有許多智人的出現，提醒人類要小心、要自重，要追求正確的發展道路，要建立好的道德觀（如中國儒、道、法等諸子百家所主張的許多有益的東西），要構建好正面（或具有正能量）的心態等（如「正向心理學」（positive psychology）所倡導的要採用自由、可控及積極的心理意識和成長型的心智及思維方式（growth mindset）。而要達致以上目標，我認為必須選擇依靠根據「理性」和不斷在發展的「科學」及「人文」方面的認知的變化、更新、創造和融合及具包容的，這樣一種人類命運共同體的建立，才能夠真正的做到為人類命運末來的進步和進化，有效排除困惑、疑難和障礙。此外，在有效構建國際關係時，還要盡力做到建立好國與國之間的「政治互信、經濟互利、人文互通、多邊互助」[7]等的合作夥伴關係，來推動世界朝着和平、發展和不斷進化的人類命運共同體的目標邁進。

　　但也必須指出，有時候個人或一小群人所顯示的看起來很理性和合理的發展方向的合法性選擇，却會與一個更大的人類群體（如：社會、國家、

人類）所要發展的理性和合理的選擇方向會背道而馳，因而引發和產生出一些完全意想不到的甚至具毀滅性的後果。這種現象，理查德.布克斯塔伯在他出版的《理論的終結》一書中命其為「層展現象」或「湧現現象」（Emergent Phenomenon）[8][但我則比較喜歡稱它為一種「難預料的宏觀現象（An 'Unpredictable' Mega-phenomenon）」。這種現象的出現，我認為並不奇怪，因為任何選擇本身並無百分之百的準確性；無論我們怎樣理性地去選擇，都無法排除選擇本身的許多隨意性和不決定性因素，所引發的難予預料的影响。而這種種有意識和無意識的選擇行為叠加起來，其所能產生的從量變轉化為質變的情況和效果，更是非常難預測的。因此，從管控危機（或有可能出現「毀滅性」的後果）來説，我們必須在過程中不斷的作出科學的分析，盡早從中發現其從量變轉化為質變的源頭、動態、影響及規律，並使之合法化、文明化、人道化和人性化。可以這樣説，這是關鍵。

其次，人類的認知和社會的發展是不斷地在變化和進步的，在這過程中就會產生和出現許多新生事物，而這些新生事物的產生和湧現必定會或多或少衝擊舊有的法制和道德標準等；這就需要我們不斷的去適應和創新性地去進行改革。從人類命運進化的角度，就是説人類在推進文明的過程中，必須持開放的心態。而人心的開放和社會的開放是適者生存的最佳保障！也是人類進化必須提供的豐富多樣的選擇及文明、交流互鑒的正能量。[9]因此，在考慮合法性這一個問題上，應充份把這考慮進去，作為重要的選項。

師生互動：Q&A

① 「未來10年，將是世界經濟新舊動能轉換的關鍵10年。」供小組討論。

② 「未來10年，將是國際格局和力量對比加速演變的10年。」供小組討論。

③ 「未來10年，將是全球治理體系深刻重塑的10年。」供小組討論。

④ 2018年11月18日在出席巴布亞新幾內亞莫爾茲比舉行的題為：「把握時代機遇共謀亞太繁榮」的APEC (Asia-Pacific Economic Cooperation)會議上，在談到希望亞太國家「堅持深化夥伴關係，攜手應對共同挑戰」時，習近平指出：「我們應該堅持共謀發展這個公約數，探索解決共同挑戰。要立足多樣性實際，尊重彼此選擇的發展道路。」你對這一建議怎樣理解？説明一下你的觀點。

⑤ 在以上APEC的同一會議上，習近平提出了一些方案，這些方案被視作為「中國方案」，「方案傾注了中國價值和中國精神，給世界上那些既希望加快發展又希望保持自身獨立性的國家和民族提供了全新選擇。」(資料來源：據香港《文匯報》報導，2018年11月19日，A3，文匯要聞版)。請查看一下有關資料，並説明什麼是「中國方案」。

⑥ 「造福人類是科技創新最大的動力。在休戚與共的地球村，共享創新成果，是國際社會的一致呼聲和現實選擇。」你同意這一觀點嗎？説明理由。

⑦ 「古往今來，很多技術都是「雙刃劍」，一方面可以造福社會、造福人民，另一方面也可以被一些人用來危害社會、危害人民。」在兩者之間，你会選擇怎樣的發展道路？

⑧ 習近平在APEC的主旨演講中提出以下問題，他説：「當今世界經濟風起雲湧、風險挑戰凸顯的形勢下，我們同在一條船上，一起謀劃發展合作，具有特別的意義。合作還是對抗？開放還是封閉？互利共贏還是零和博弈？」你認為中國應怎樣作出選擇？説明理由。

參考

① 郭建龍著，《中央帝國的哲學密碼》，2018年，海峽出版發行集團，鷺江出版社，前言：第II頁。

② Hirari, Y. N.,《Sapiens - A brief history of humankind》, 2011, Vintage.

③ 「共建創新包容的開放型世界經濟」，習近平在首屆中國國際進口博覽會開幕式上的主旨演講，2018年11月5日。

④ 「推動建設開放型世界經濟」，人民日報評論員，《北京日報》，要聞. 時政，2018年11月6日。

⑤ 習近平，共譜民族復興篇章，實現港澳更好發展——習近平在會見香港澳門各界慶祝國家改革開放40周年訪問團時的講話，2018年11月12日。

⑥ 習近平，「同舟共濟創造美好未來」，在出席APEC工商領導人峰會發表的主旨演講，2018年11月17日。

⑦ 習近平在2018年11月19日，與文萊蘇丹哈桑納爾舉行會談時的講話，《文匯報》，文匯要聞，2018年11月20日。

⑧ 理查德·布克斯塔伯，《理論的終結》（《The End of Theory：Financial Crises, the Failure of Economics and the Sweep of Human Interactions》），2018年，中信出版集團。

⑨ 習近平在2019年5月15日出席亞洲文明對話大會開幕式上的主旨演講：「深化文明交流互鑒共健亞洲命運共同體」，《人民日報》（海外版），2019年5月16日。

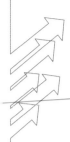

後記

　　從書中我所選擇的幾個實例，大家可以清楚看到，要作出正確的選擇和抉擇是一件非常不容易的事，這不但對個人來說，對一個政府來說，要求其決策選擇永遠正確，明顯困難是非常之大的。譬如，就中國政府現今所作出或推行的各項政策選擇來說，我認為難度都很大，這可以從2019年2月22日中國中央政治局會議所強調的看得出來，會議指出：「今年是新中國成立70週年，是全面建成小康社會、實現第一個百年奮鬥目標的關鍵之年。面對新形勢新任務新挑戰」政府的工作決定，選擇「統籌推進「五位一體（經濟建設、政治建設、文化建設、社會建設、生態文明建設）」總體佈局，協調推進「四個全面（即全面建成小康社會、全面深化改革、全面依法治國、全面從嚴治黨）」戰略佈局，堅持穩中求進工作總基調，堅持新發展理念，堅持推動高質量發展，堅持以供給側結構性改革為主線，堅持深化市場化改革、擴大高水平開放，加快建設現代化經濟體系，繼續打好三大攻堅戰，着力激發微觀主體活力，創新和完善宏觀調控，統籌推進穩增長、促改革、調結構、惠民生，防風險工作，保持經濟運行在合理區間，進一步穩就業、穩金融、穩外貿、穩外資、穩投資、穩預期，提振市場信心，增強人民群眾獲得感、幸福感、安全感，保持經濟持續健康發展和社會大局穩定。」會議還指出：「實現今年經濟社會發展

目標任務，要統籌實施好宏觀政策、結構性政策、社會政策，落實好積極的財政政策、穩健的貨幣政策和就業優先政策。要着力優化營商環境，培養壯大新動能，促進形成強大國內市場，推進脫貧攻堅和鄉村振興，促進區域協調發展，加強污染防治和生態文明建設，深化重點領域改革，推動全方位對外開放，更好保障和改善民生。要加強政府自身建設，堅決反對一切形式主義、官僚主義、崇尚實幹，埋碩苦幹，努力幹出無愧於時代和人民的新業績。」

　　中國政府在以上這些方面的政策性選擇和抉擇，相信需要一段頗長的時間（有些可能幾年，有些可能幾十年），才能見到和清楚知道其成效及正確度。但有一點是可以肯定的，這些政策的選擇正確與否，將不但會影響中國的復興，同時也會影響到世界未來的發展和路向，以及人類文明將來演進的軌跡。因此，可以這樣說，現今中國所作出的任何選擇，不論其正確與否，由於其具有世界影响力，因此都會成為推動人類命運進化其中的一個重要因素和動力來源，特別是在這一個人類文明進入全球化的時代，這已是無可否認的事實。因此，對中國和世界的趨勢和動向的未來發展，人們必須首先充份了解和掌握中國在這方面的政策的選擇的誘因、理由、方向及其長遠影響；而同時中國也必須想方設法說明中國在政策方面的各種選擇的原因，以免引起人們和其他國家對中國的誤解及誤判。

　　人類與其他動物最不一樣的地方，就是人類在進化過程中，擁有

了發達的大腦以及由此而出現和形成的思維能力和情感等。這些因素非常複雜地交織在一起變化和進行互動，不斷影響着人類在求生存和適應環境的過程中，所作出的各種選擇和抉擇。但這些選擇和抉擇，作為推動人類命運進化的動力源，當然不是 (也不可能) 憑空地、突然地或無緣無故地出現和形成的，而是需要建立在某種基石上，而這些基石有些會非常堅固 (因為它們是建立在科學、理性和鞏固的法理等基礎上的)；但有些則可能非常不牢靠 (只是建立在一些神話、科幻、迷信、狂熱、偏見和不靠譜的理論等基礎上)，包括現今一些「人類行為生物學」(Human Behavioral Science) 方面的理論和不成熟的結論 (如羅伯‧薩波斯基最近出版的「行為」一書中的許多結論)。〔R.M. Sapolsky著，《Behave》，吳艾譯，《暴力、競爭、利他，人類行為背後的生物學 (上) (下)》，2019年，八旗文化出版。〕)

　　　　正常的來說，當我們個人或政府在作出任何選擇和抉擇時，當然我們肯定都希望是建立在合符科學、理性及鞏固的法理基礎上。因為只有這樣，我們的選擇和抉擇才會比較容易達至正確的目標、具有意義和可持久。但正確的選擇和抉擇的基石或基礎到底又是什麼呢？這一問題需要我們回答及知道；而這我將會在我的下一本書中，就「人類命運進化的基石和元素」這一問題，試圖予以回答和展開分析及討論。

徐是雄（2019年5月）

作者介紹

徐是雄教授，香港永久居民；北京師
範大學-香港浸會大學聯合國際學院
（UIC）榮休教授；生物學家；曾任北
京師範大學——香港浸會大學聯合國際學
院副校長、香港大學教授、系主任、理
學院副院長；學術和研究成就昭著。擔
任過中國許多大學的客座教授和研究院
的客座研究員。2003年獲香港特別行政
區政府頒發銀紫荊星章。曾任香港〈基
本法〉諮詢委員會委員，港事顧問，香
港特別行政區籌備委員會委員，香港特
別行政區第一屆政府推選委員會委員。
香港區第七、八屆全國人大代表，九、
十、十一屆全國政協委員，香港臨時市
政局議員，香港南區區議員，珠海市榮
譽市民。

人類命運演進的動力—選擇和抉擇

著者　　：徐是雄

出版　　：灼見名家傳媒有限公司

　　　　　香港黃竹坑道21號環匯廣場10樓1002室

電話　　：2818 3011

傳真　　：2818 3022

電郵　　：contact@master-insight.com

網址　　：master-insight.com

印刷　　：利高印刷有限公司

　　　　　香港葵涌大連排道192-200號偉倫中心二期11樓

發行　　：香港聯合書刊物流有限公司

　　　　　新界大埔汀麗路36號中華商務印刷大廈2字樓

出版日期：2019年6月

定價　　：港幣 $80

國際書號：ISBN：978-988-13910-7-0

圖書分類：文化

免責聲明：

出版社已盡力確保內容正確無誤，

本書只供參考用途。